ARKANA

Buch

Der Seelenquotient (SQ) gibt den Grad der Selbstverwirklichung eines Menschen an, er ist ein Maß der persönlichen spirituellen Entwicklung. Er hilft, an Ziele zu gelangen, die sowohl Erfolg als auch Erfüllung mit sich bringen. Er ist der Schlüssel zum schöpferischen Potential eines Menschen.
Dieses Buch bietet einen groß angelegten Test zur Ermittlung Ihres SQ und beschreibt, was man praktisch tun kann, um den SQ entscheidend zu verbessern – um damit wesentlich mehr Erfüllung im Leben zu finden.

Autor

Wulfing von Rohr ist Fachbuchautor, Fernsehproduzent und Journalist. Er ist auch als Firmenberater, Fortbildungs- und Seminarleiter sowie als Yogalehrer, Coach und Kommunikationstrainer tätig.

Im Goldmann Verlag
sind von Wulfing von Rohr außerdem lieferbar:

Meditation (12138)

Was lehrte Jesus wirklich? (12250)

mit B. Blaszok: Reiki fürs Leben (13769)

mit I. Kraatz: Die Farben deiner Seele (13767)

mit C. Griscom:
Zeit ist eine Illusion (11787)
Die Heilung der Gefühle (12113)

WULFING
VON ROHR

DER SEELEN-QUOTIENT

Wege zur Entfaltung des
gesamten persönlichen Potentials

ARKANA
GOLDMANN

Originalausgabe

Umwelthinweis
Alle bedruckten Materialien dieses Taschenbuches
sind chlorfrei und umweltschonend.

Der Goldmann Verlag
ist ein Unternehmen der Verlagsgruppe Bertelsmann

Originalausgabe Oktober 1998

Umschlaggestaltung: Design Team München
Druck: Graphischer Großbetrieb Pößneck GmbH
Verlagsnummer: 13263
Redaktion: Irina Mamula
WL · Herstellung/DTP: Martin Strohkendl
Made in Germany
ISBN 3-442-13263-0

1 3 5 7 9 10 8 6 4 2

Inhalt

Teil III: So entwickeln Sie Ihren SQ
Übungsvorschläge für das Alltagsleben

Die Tragödie des modernen Menschen
besteht nicht darin,
daß er eigentlich immer weniger
über den Sinn des eigenen Lebens weiß,
sondern daß ihn dies immer weniger stört.

Vaclav Havel

Das Jahrhundert von Herz und Seele
Ein Vorwort von Rajinder Singh

Wir sind zum Mond und zu den Sternen gereist,
Das Herz unseres Nächsten aber haben wir nicht erreicht.

Darshan Singh

Unser 20. Jahrhundert hat eine neue Denkweise hervorgebracht. Die Menschen haben die Welt durch den Einsatz ihres Intellekts verwandelt. Doch im 21. Jahrhundert werden wir eine Transformation der Welt durch unsere Herzen erfahren. Wir haben in diesem Jahrhundert genug nachgedacht. Wir haben dem Intellekt die Führung überlassen.

Nun ist es an der Zeit, dies auszugleichen, indem wir dem Herzen die Führung übergeben: Nur das Herz wird Entscheidungen treffen, die eine liebevolle Welt hervorbringen. Nur das Herz wird uns helfen, uns wirklich um unseren Körper zu kümmern. Nur das Herz wird uns bei der Heilung emotionaler Wunden helfen. Nur das Herz schreit danach, daß die Seele das Wissen um ihr wahres Selbst erlangen möge. Es ist das Herz, das sich um unsere Mitmenschen kümmert. Es ist das Herz, das sich um unseren Planeten Erde und um alles Leben darauf kümmert. Nur das Herz kann universale Liebe für die ganze Welt hervorbringen. Meditation ist ein Weg, um lieben zu lernen, um Liebe in eine Welt zu bringen, die nach Liebe hungert.

Das 20. Jahrhundert war eine Zeit der Vorbereitung: In diesem Jahrhundert konnten wir die Probleme der Menschheit der letzten tausend Jahre objektiv betrachten und mit vollem Einsatz an deren Lösung arbeiten. Im letzten Jahrhundert dieses Jahrtausends haben wir darüber nachgedacht, wie der menschliche Körper funktioniert, und haben mehr darüber erfahren als je zuvor in der Geschichte. Wir haben Heilmittel für zahlreiche Krankheiten gefunden, die früher die Bevölkerung massenhaft hinwegrafften. Und wir sind auf dem Weg, Mittel gegen bislang unheilbare Krankheiten zu finden. In diesem Jahrhundert haben wir mehr als je zuvor über die Funktionsweise des Gehirns erfahren, über den menschlichen Geist, über die Psyche. Man fand heraus, wie Lernen funktioniert, und entdeckte zahlreiche Faktoren, die unser mentales Befinden beeinflussen.

Es gibt aber auch einen heute der Allgemeinheit zugänglichen Bereich, der früher nur Heiligen und Mystikern vorbehalten war: die spirituelle Gesundheit. Früher meinten wir, daß die spirituelle Entwicklung etwas sei, was den Propheten und Gründern der verschiedenen Religionen vorbehalten sei. Doch die vergangenen Jahrzehnte haben gezeigt, daß das Interesse an der spirituellen Entwicklung allgemein wächst. Wir wollen etwas über die Seele wissen, über die höhere Kraft, welche die Universen schuf, und über höhere Bewußtseinszustände.

In diesem Jahrhundert wurden große Fortschritte auf dem Gebiet der Psychologie gemacht. Wir wissen, wie destruktiv emotionale Probleme im Leben sein können. Immer mehr Menschen stellen fest, daß sie mit ihren Problemen (allein) nicht mehr fertigwerden. Immer mehr Menschen wachsen in nicht funktionierenden Familien auf und tragen in ihrem Erwachsenendasein das Trauma ihrer Kindheitsverwundungen weiter mit sich. Das beeinträchtigt unsere Beziehungen zu den Mitmenschen und unseren Seelenfrieden.

Meditation ist ein sehr wirksamer Weg, um mit unseren Problemen umzugehen und unser psychisches Befinden zu verbessern. Im letzten Jahrzehnt haben auch immer mehr Ärzte Meditation empfohlen als Möglichkeit, streßbedingte Krankheiten zu lindern und zu reduzieren. Durch Meditation gelangen wir in Verbindung mit dem inneren, göttlichen Licht und erleben die liebevolle Glückseligkeit, die dieses Licht in sich trägt.

Das Gefühl, nicht geliebt zu werden, schwindet allmählich, weil man durch Meditation täglich mit der Quelle von Liebe in Kontakt kommt, die bereits in uns ist. Dann werden wir von Liebe immer mehr erfüllt und können sie auch mit anderen teilen. Unsere Beziehungen werden sich verbessern, weil wir selbst liebevoller werden. Selbst wenn wir es mit Menschen oder Situationen zu tun haben, die nicht liebevoll sind, werden wir von innen her die Gewißheit und Sicherheit haben, mit der inneren Kraft der Liebe in Verbindung zu sein, so daß wir mit den äußeren Umständen besser umgehen können.

Liebe heilt alle Wunden. Meditation hilft uns, das Licht Gottes in allen Lebewesen zu sehen. Wenn wir erkennen, daß wir alle vom selben Wesen sind, entwickelt sich eine innere Verbundenheit zwischen uns und anderen. Wir betrachten die anderen Menschen von einem neuen Standpunkt aus als Brüder und Schwestern ein und derselben Familie, und wir beginnen, sie wie Familienmitglieder zu behandeln. Wir entwickeln Fürsorge für sie.

Das neue Jahrtausend wird eine Zeit sein, in der wir uns um das Wohlergehen aller Lebewesen auf diesem Planeten kümmern werden. Wir werden auch die Auswirkungen all unserer Gedanken, Worte und Taten auf andere Menschen erkennen.

Das kommende Jahrtausend wird erleben, daß alle Menschen bereits von Kindheit an Mittel, Führung und Schulung im Umgang mit anderen lernen. Sie werden die Kunst lernen, liebevoll zu sprechen und zu handeln. Meditation ist ein Weg, um das Bewußtsein zu erweitern, wie sich unsere Handlungen auswirken. Meditation macht uns bewußter in bezug auf unser Verhalten.

Ich bete, daß jeder von uns dazu beitragen möge, das »Goldene Zeitalter« im neuen Jahrtausend zur Blüte zu bringen. Wir können das vollbringen, indem wir inneren Frieden durch Meditation erlangen. Dadurch machen wir der Welt (und uns selbst) das größte Geschenk – das Geschenk der universalen Liebe und des Weltfriedens.

Umarme jeden Menschen als dein eigen,
Und laß deine Liebe frei fließen, wo immer du bist.

Darshan Singh

Darshan Singh, an leitender Stelle in der indischen Regierung tätig, war mystischer Dichter. Er lehrte die rein spirituelle Meditation mit dem inneren Licht und Ton. Von ihm sind die Bücher Spirituelles Erwachen *und* Das Geheimnis der Geheimnisse *erschienen. Sein spiritueller Nachfolger und Sohn Rajinder Singh ist Computerwissenschaftler und Meditationslehrer, Mystiker und Friedenspreisträger, Erziehungsberater und Schulgründer. Von ihm sind die Bücher* Kraft der Seele *und* Heilende Meditation *erschienen.*

Widmung und Dank

Der beste Prediger ist das Herz,
Der beste Lehrer ist die Zeit,
Das beste Buch ist die Welt,
Der beste Freund ist Gott.

Talmud

Dieses Buch ist den vielen Menschen gewidmet, die nach dem Sinn des Lebens suchen. Ob Sie mit schwerem Herzen oder mit forschendem Geist danach suchen, ob Sie der Druck der Umstände nötigt oder Sie ohne Leidensdruck den Fragen des Lebens nachgehen, ob Sie durch Lesen oder Leben, mittels der Wissenschaft oder des Gebets die Antworten suchen: Jeder von uns ist auf dem Weg zum Sinn, wenn er bzw. sie einmal anfängt, die wesentlichen Fragen überhaupt zu stellen. Karlfried Graf Dürckheim sprach einmal von den »Wegen zum Weg«. Er meinte damit, daß jeder einzelne von uns ganz unterschiedliche Auslöser erfährt, bis er sich auf seinen eigenen Weg der Erfahrung macht, das heißt, daß jeder ganz unterschiedliche seelische und geistige Wege geht, bevor er auf den einen Weg zur überpersönlichen Selbstverwirklichung gelangt.

So widme ich dieses Buch Ihnen, die Sie sich bereits auf Ihren eigenen Weg gemacht haben, um das vermeintlich kleine, aber alles entscheidende Quentchen »Mehr« des Lebens zu entdecken. Für Ihre Lesereise und für Ihren Lebensweg wünsche ich Ihnen von Herzen Freude und Segen, Erfolg und Erfüllung.

Dieser Widmung schließe ich meinen Dank an an die Menschen, denen ich begegnet bin. Lernen durfte ich durch oder an praktisch allen Menschen, natürlich vor allem mit den lieben persönlichen Wegbegleitern der letzten fünfundzwanzig Jahre.

Besonders erwähnen möchte ich meine lieben Wegbegleiterinnen Ursula, Ann Aura, Ingrid, Maria und Debbie, durch die und mit denen ich sehr viel lernen durfte, meine schöpferisch tätigen Eltern Valérie Vera und Dr. Hans-Olof von Rohr, die treusorgende Katharina Richter (meine liebe »Hidda«), meine wunderbaren Lehrer am Landschulheim Holzminden und meine herausragende Yogalehrerin Anneliese Harf. Einen Dank auch an Regina Merritt, die beim Redigieren dieses Buchs wundervoll geholfen hat.

Ohne meine beiden spirituellen Lehrer, den allzeit Liebe und Güte ausstrahlenden Sant Darshan Singh, der leider schon aus dieser Welt gegangen ist, und Sant Rajinder Singh, der unermüdlich für andere Menschen im Einsatz ist, gäbe es dieses Buch nicht. Sie haben mir die (inneren) Augen für die Wirklichkeit der Existenz der Seele und der geistigen Welt jenseits von Raum und Zeit geöffnet. Ihnen sei Dank für Hilfe und Geduld, Vorbild und Führung.

Sant Darshan Singh war und ist für alle, die ihn kennenlernen durften, eine ständige Quelle der Inspiration und der überpersönlichen Herzensliebe. Er ließ seine Liebe frei strömen und umarmte jeden Menschen wie Bruder und Schwester. Er brachte in seinem Leben zum Ausdruck, was wahre Seelenbildung bedeutet: selbstlose und uneingeschränkte Liebe. Eine Liebe, die alle Schmerzen und Wunden heilt, welche die Seele erhebt, die Menschen zueinander führt und das Licht im Inneren jeder Seele schauen läßt.

Sie finden in diesem Buch manche Überlegungen, die auf Anhieb vielleicht ein bißchen anstrengend nachzuvollziehen sind. Um Ihnen dennoch genügend Lesefreude zu bereiten, habe ich eine Reihe von Geschichten mit spirituellem Hintergrund gesammelt und als »geistige Erholungspausen« zwischen Theorie, Fragebogen und Übungsvorschläge gestellt. Viel Spaß beim Lesen!

TEIL I

Was ist der SQ?

Sinn und Selbstverwirklichung

Was auch geschah: Es war zum Besten.
Was auch geschieht: Es ist zum Besten.
Was auch geschehen wird: Es ist zum Besten.
Was hast du verloren, daß du traurig bist?
Was hast du verloren, das du wirklich besessen hast?
Was hast du geschaffen, das nicht schon vorhanden war?
Was du auch genommen hast, stammt alles von hier.
Was dir heute gehört, gehört morgen einem anderen
Und wird an einem dritten Tag wieder einem
anderen gehören.
Wandel ist das Gesetz der Natur.

Juwelen der Bhagavad Gita

1. Wer sind Sie?

Der Mensch, das sonderbare Wesen:
Mit den Füßen im Schlamm,
Mit dem Kopf in den Sternen.

Else Lasker-Schüler

Sind Sie nicht mehr als Knochen und Blut, mehr als IQ und EQ, mehr als der Intelligenzquotient und die emotionale Intelligenz? Bestimmen unser Selbstbild, Menschenbild und Weltbild nicht entscheidend, wie wir leben, was wir erfahren und welche Ziele wir überhaupt anstreben?

Der Mensch – mehr als IQ und EQ?

Wer fühlt, weiß, erfährt, kurz gesagt also bewußt lebt, wer und was er wirklich ist – im innersten Kern, im tiefsten Wesen, im höchsten Sein –, der braucht nie Angst vor dem Leben und der Zukunft zu haben.* Ein solcher Mensch entwickelt seinen Seelenquotienten auf ganz natürliche Weise, so daß er erfolgreich und erfüllt zugleich ist – weil er sich weder an vergänglichen materiellen Formen noch am Ego festklammert, sondern in jener geistigen Kraft aufgeht oder zumindest »mitschwimmt«, die ewig fließt. Unser Bewußtsein ist die meiste Zeit jedoch leider nicht in unserer geistigen Essenz verankert. Statt dessen identifizieren wir uns mit dem Körper, mit den Sinneserfahrungen, mit unseren Gefühlen und Gedanken, Träumen und Hoffnungen, Sorgen und Ängsten, Vorstellungen und Einbildungen ...

* Um unschöne und umständliche Formulierungen wie »er bzw. sie« oder »LeserInnen« zu vermeiden, verwenden wir in diesem Buch die männliche Form und bitten unsere Leserinnen, sich gleichfalls angesprochen zu fühlen.

Unsere Aufmerksamkeit richtet sich fast ausschließlich und fast ständig auf Dinge dieser Welt. Sogar in unseren Träumen – obwohl der Körper dann doch meist in einer relativen Ruhestellung ist, die Tagesarbeit uns nicht beschäftigt und wir in keinen direkten Interaktionen mit anderen Menschen verstrickt sind – beschäftigt sich unser Gemüt fast nur mit Dingen dieser Welt. Partner oder Freunde tauchen auf, Situationen aus der Vergangenheit, Fetzen bestimmter Ereignisse, oft alles bunt durcheinandergewürfelt ... Wie häufig träumen wir jedoch von der Seele oder von Heiligen, von Moses, Buddha, Christus oder Mohammed? Wie häufig träumen wir von Engeln oder gar von Gott? Leider fast nie! Unser Gemüt bleibt selbst im Traum noch in der Welt und durch unsere Gefühle und Gedanken, durch unsere (Vor-)Urteile und Vorlieben gefesselt.

Aber sind wir der Körper oder haben wir einen Körper? Sind wir die Haare, die Ohren, die Finger – oder haben wir sie? Sind wir unsere Gefühle oder erleben wir Gefühle? Nun gut, wenn wir »ganz außer uns sind«, dann sind wir tatsächlich und buchstäblich unsere Gefühle. Sind wir die vielen Tausenden von Gedanken, die täglich unser Gehirn und Bewußtsein durchziehen, wirklich selbst – oder haben wir sie?

Wenn wir finden, daß wir all dies nicht wirklich sind, sondern haben bzw. erleben, wer oder was sind wir dann? Wer oder was erlebt dies alles? Hier setzt das Maß und die Entwicklung des Seelenquotienten ein: Je bewußter wir sind, je weiter unser Seelenquotient entwickelt ist, desto intelligenter und erfolgreicher werden wir in der Welt wirken, aber ohne in der Welt unterzugehen. Meister Eckhart hat einmal die Maxime formuliert: »Seid in der Welt, aber nicht von der Welt.«

Es geht beim Seelenquotienten also nicht etwa darum, die Welt abzulehnen oder das Leben im Körper und das Erleben von Gefühlen und Gedanken zu negieren oder ein schöpferisches und erfülltes Erdenleben zugunsten einer asketischen Eremitenexistenz aufzugeben. Vielmehr handelt es sich darum, klar zu erkennen, welche Ursachen welche Wirkungen hervorbringen, wie das Körperleben, die rationale Intelligenz und die Kraft der emotionalen

Einfühlung zusammenhängen und wie alle drei sowohl getragen als auch erhoben werden durch die Kraft der Seele, die »mehr« ist. (Dieser Ansatz ist bereits wichtiger Bestandteil einer Reihe von alternativen Heilweisen, zum Beispiel auch in der Krebsheilung.)

Befassen wir uns zunächst mit dem Begriff des »IQ«, des Intelligenzquotienten, und dem, was Intelligenz eigentlich ist, sowie mit dem »EQ«, dem Quotienten für die »emotionale Intelligenz«. Aufgrund dieser Beschäftigung wird es uns leichterfallen, den entscheidenden Unterschied zwischen IQ und EQ einerseits und dem SQ, dem Seelenquotienten oder Seelenfaktor, andererseits zu verstehen.

Was ist Intelligenz?

Intellegere – dieses lateinische Wort ist der Stamm, aus dem sich unser Begriff Intelligenz entwickelt hat. *Intellegere* bedeutet soviel wie »mit Sinn und Verstand wahrnehmen; erkennen, verstehen; Einsicht gewinnen«. Wörtlich heißt es eigentlich *inter-legere*, also »dazwischen wählen« oder »durch kritische Auswahl charakteristische Merkmale einer Sache erkennen«. Sehen wir uns eine Reihe von Definitionen zum Begriff Intelligenz an. Das wird uns helfen, dem Begriff des Seelenquotienten näherzukommen.

Der IQ

Der Engländer Sir Francis Galton vermutete, daß Intelligenz biologisch und genetisch bestimmt, also angeboren und eben vererbbar sei. Der Darwinsche Einfluß des Evolutionsdenkens auf seinen Ansatz war unverkennbar. Galton definierte als die intelligentesten Menschen jene, die »mit der besten Sinneswahrnehmung ausgestattet« oder gesegnet waren, denn »durch die Sinne erkennt man die Welt«. Er meinte, daß Intelligenz eine Anzahl bestimmter Vorgänge oder Fähigkeiten sei, die man getrennt voneinander messen könnte.

Der »IQ«, der Intelligenzquotient, wurde von dem französischen Psychologen Alfred Binet zu Beginn des 20. Jahrhunderts entwickelt. Der IQ bezeichnet das Verhältnis des Intelligenzalters zum Lebensalter, wobei der Wert 100 als durchschnittlich gilt. Wenn beispielsweise ein sechsjähriges Kind einen Test für Neunjährige besteht, hat es einen IQ von 150. IQ-Tests sollen die intellektuelle Intelligenz, das Denkvermögen messen. Intelligenztests wurden entwickelt, um im Zeitalter der Massenbildung eine Möglichkeit zu besitzen, frühzeitig zu erkennen, welche Entwicklungsaussichten bestehen, und auch um festzustellen, welche Förderung nötig ist, um Schulkindern ein besseres Fortkommen zu ermöglichen.

1905 bestanden Binets erste Tests daraus, daß die Schulkinder

- einer brennenden Kerze mit Kopf und Augen folgten,
- zwischen zwei gleich aussehenden Stückchen Holz und Schokolade unterschieden,
- den längeren von zwei ähnlich langen Strichen erkannten
- und einige abstrakte Worte definierten.

Bald kamen die Aufgaben hinzu, eine Zeichnung zu kopieren und eine Reihe von Ziffern zu wiederholen.

Binet beobachtete, daß die so erfaßte »Intelligenz« während der Kindheit mit zunehmendem Alter ebenfalls zunahm, allerdings nur etwa bis zum 20. Lebensjahr. Binet definierte Intelligenz so: Die Komponenten, die Intelligenz bestimmen, sind Vernunft, Urteilsvermögen, Gedächtniskraft (Erinnerungsvermögen) und die Fähigkeit der Abstraktion. Er maß Intelligenz als die »allgemeine mentale Fähigkeit von Individuen in vernunftgemäßen Verhaltensweisen«. Seine Tests bezeichnete er nicht als »Messungen«, sondern als »Klassifizierungen«.

Inzwischen sind eine Vielzahl von veränderten Binet-Tests entstanden. In der Diskussion spielt zunehmend eine Rolle, daß die Geschwindigkeit, wie schnell Informationen vom Gehirn (oder Bewußtsein?) aufgenommen und richtig verarbeitet werden, für die

Entwicklung der Intelligenz womöglich wichtiger ist als andere Faktoren.

David Wechsler meinte, daß Intelligenz ein facettenreiches Konzept sei, das »die kombinierte oder globale Fähigkeit des Individuums« anzeigt, »zielgerichtet zu handeln, rational zu denken und effektiv mit seiner Umwelt umzugehen«. Wechsler erkannte ausdrücklich an, daß diese komplexe Fähigkeit, mit der Umwelt umzugehen, mehr ist als die Summe irgendwelcher Teilaspekte, die wir irgendwie zu erfassen oder zu messen versuchen. Er nahm an, daß nicht-intellektuelle Seiten des Menschen, wie seine Gesamtpersönlichkeit, eine ebenso wichtige Rolle spielen. In seinem als *Wechsler Adult Intelligence Scale* bekannten Intelligenztest richtete er das Hauptaugenmerk indes auf die intellektuellen Komponenten eines intelligenten Verhaltens. Inzwischen gibt es den verbesserten, sehr verbreiteten *Wechsler Adult Intelligence Test – Revised*. Er besteht aus 11 Teiltests. Seine Aussagen erstrecken sich nicht nur auf einen Wert für die »Gesamtintelligenz«, sondern auch auf spezielle verbale und nonverbale Fähigkeiten.

Zu den Bestandteilen moderner Intelligenztests gehören heute Fragen bzw. Aufgaben aus den Bereichen Information, Erkennen von Ähnlichkeiten, Zahlenverständnis, Wortschatz, Verständnis für komplexe Zusammenhänge, Vervollständigung von Bildern, Anordnung von Bildelementen, Zusammenstellung von Objekten, Erkennen von Codierungen und Hindurchfinden durch Labyrinthe.

Manche Tests beziehen sich auf die Lernfähigkeit; die Ergebnisse dieser Tests erlauben es, die zukünftige Lernleistung von Menschen einigermaßen treffsicher vorauszusagen. Das wird heute vor allem bei Zulassungstests für Colleges und Universitäten in den USA angewandt, um die Chance abzuschätzen, daß neue Studenten auch wirklich die Lernziele erreichen können. Andere Tests versuchen zu erfassen, was ein Mensch bereits gelernt hat, also was er oder sie sich bereits angeeignet hat. Solche Tests sollen etwas über die Leistungsfähigkeit in bestimmten Berufen aussagen und damit etwas über die Eignung von Bewerbern für bestimmte Stellen.

Testresultate von vielen Menschen kann man zusammenfassen und in einer sogenannten »Glockenkurve« *(bell curve)* darstellen.

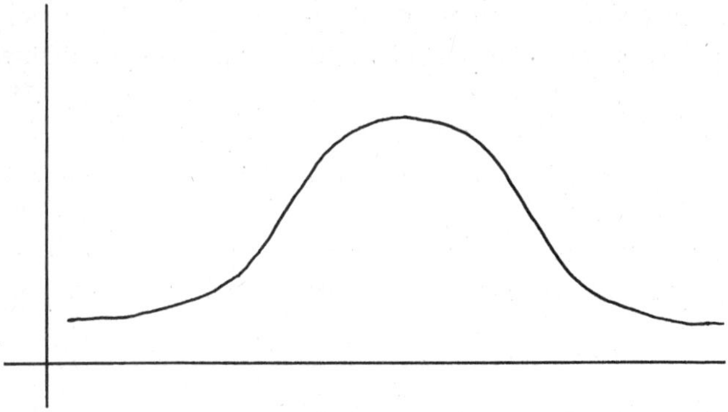

Gaußsche Kurve (engl.: bell curve, Glockenkurve)
Eine Glockenkurve zeigt einen »Berg« dort an, wo die meisten Ereignisse im Durchschnitt liegen. Ergebnisse links und rechts »am Rand« sind selten.

Sie bildet ab, wie sich die Ergebnisse aller bislang getesteten Menschen verteilen. Die Glockengestalt ergibt sich, weil die Mehrzahl der Menschen Resultate aufweist, die »durchschnittlich« sind, also in der Mitte liegen, und nur wenige extrem »schlechter« oder extrem »besser« abschneiden.

Jegliche Testergebnisse werden ja erst dann interessant, wenn sie mit den Resultaten anderer Menschen verglichen werden können. Indem man bestimmte Gruppen gezielt testet, kann man solche Tests »standardisieren«.

Der SQ-Test, den Sie in diesem Buch finden, ist noch viel zu neu, um an größeren Gruppen getestet worden zu sein. Deshalb gibt es auch noch keine Glockenkurve, die anzeigt, wo etwa das Mittel wäre. Das ist aber auch der Grund, warum Sie eingeladen sind, den SQ-Test kostenlos (und anonym) durch den Autor und ein Team auswerten zu lassen, um so dazu beizutragen, daß es in absehbarer Zeit einen einigermaßen aussagekräftigen Mittelwert gibt (siehe Anhang, Seite 250).

Bei den üblichen IQ-Tests hat man rasch festgestellt, daß eine Standardisierung, die zum Beispiel mit französischen Testgruppen erfolgte, für Amerikaner nicht unbedingt aussagekräftig ist. Es ist und bleibt insgesamt umstritten, ob Intelligenztests kulturabhängig sind oder nicht, bzw. ob es solche überhaupt geben kann oder nicht. Besonders in vergleichenden Untersuchungen zwischen der schwarzen und der weißen Bevölkerung in den USA ist dies ein viel diskutiertes Thema.

Im Zusammenhang mit dem Seelenquotienten ergibt sich eine ähnliche Fragestellung, auf die ich im Anhang bei den Bemerkungen zur Methodik näher eingehe. Aber an dieser Stelle sei doch zumindest angemerkt, daß die Grundannahme dieses Buches lautet: Es gibt eine Seelenkraft, die unabhängig ist von Kultur und Rasse, Alter und Gesundheitszustand, Bildung oder sozialem Stand. Ein Heiliger wird überall, in allen Ländern, Religionen und Epochen, als Heiliger (an-)erkannt. Das Wirken einer Mutter Teresa oder eines Mahatma Gandhi, eines Franziskus von Assisi oder eines Maulana Rumi, eines Buddha oder eines Jesus wird von allen Völkern und Kulturen als Ausdruck eines bewußten Seelenlebens betrachtet. In diesem Buch soll es auch darum gehen, welche Qualitäten wir auf welche Weise entwickeln können oder müssen, um unsere Seelenbewußtheit zu stärken. Zurück zum Thema Intelligenz.

Heute wird übereinstimmend angenommen, daß eine bestimmte Intelligenz zwar für die Erledigung bestimmter Arbeitsvorgänge oder zur Entfaltung eigenständiger Kreativität notwendig ist, aber eine hohe »meßbare« Intelligenz noch keinerlei Aussagen über Erfolg und Erfüllung im Leben zuläßt. Ein gewisses Mindestmaß an Intelligenz ist für bestimmte Formen von weltlichem Erfolg durchaus eine wichtige Voraussetzung, allerdings noch längst keine Garantie, einen solchen Erfolg auch wirklich zu erreichen!

Die herrschende Lehrmeinung über Intelligenz könnte man so zusammenfassen: *Intelligenz ist die Fähigkeit zu einem zielgerichteten und anpassungsfähigen Verhalten.* Als Einzelfaktoren kann man mentale, rationale Fähigkeiten erfassen wie verbale Intelligenz, räumliches Vorstellungsvermögen und logisch vernünftige

Argumentationsfähigkeit. Manche Wissenschaftler unterscheiden zwischen akademischer, praktischer und kreativer Intelligenz.

Zu den offenen Fragen gehören folgende Überlegungen: Wie wichtig ist die Geschwindigkeit, mit der Informationen aufgenommen und (richtig) verarbeitet werden? Spielt die Anatomie des Gehirns sowie seine Masse bzw. sein Gewicht eine entscheidende Rolle für Intelligenz? Wie ist das Verhältnis zwischen »angeborenen« bzw. ererbten Fähigkeiten, dem Einfluß der Umwelt in den verschiedenen Entwicklungsstadien und dem Bemühen des Individuums – möglicherweise allen genetischen Anlagen und Umwelteinflüssen zum Trotz –, die eigene Intelligenz zu schulen? Welche Komponenten der Gesamtintelligenz spielen für die Lösung von Problemen eine wichtige Rolle? Stimmt es, daß sehr befähigte Menschen einen niedrigeren Verbrauch an Glukoseenergie haben, wenn sie bestimmte Erkenntnisfähigkeiten ausüben, und daß die Gehirnwellen hochintelligenter Menschen gewisse Einflüsse deutlich schneller registrieren, wie zum Beispiel Lichtblitze?

Bei Vergleichen zwischen japanischen und US-amerikanischen Kindern erzielten die japanischen leicht bessere Resultate bei nonverbalen und deutlich bessere bei mathematischen Aufgaben. Schwarze Amerikaner erzielen bei Intelligenztests im Durchschnitt 15 Punkte weniger als weiße und vergleichbare 100 Punkte weniger bei den Zulassungsprüfungen für Colleges und Universitäten. Wissenschaftliche Untersuchungen haben gezeigt, daß diese Unterschiede auf den Einfluß der Umgebung zurückzuführen sind. In dem Maße, wie zwischen 1979 und 1993 die Bildungsmöglichkeiten für die schwarzen Kinder und Jugendlichen verbessert wurden, verringerte sich der Abstand bei den Ergebnissen der Zulassungstests von 100 Punkten auf nur noch gut 50.

Die unterschiedlichen Resultate von Amerikanern und Japanern bei mathematischen Aufgaben gehen offensichtlich auf eine akademisch stärker herausfordernde (Schul-)Umgebung und unterschiedliche kulturelle Werte (stärkerer Erwartungs- und Leistungsdruck der japanischen Gesellschaft) zurück.

Im allgemeinen erzielen Menschen mit einem hohen IQ auch

gute Resultate bei Kreativitätstests. Aber jenseits eines Wertes von rund 120 gibt es keine Korrelation mehr zwischen Intelligenzwerten und Kreativität. Studien haben ergeben, daß fünf Faktoren für Kreativität ausschlaggebend zu sein scheinen: Erfahrung, phantasiereiches Denken, eine unternehmungsfreudige Persönlichkeitsstruktur, eine hohe innere Eigenmotivation und eine schöpferische Umgebung.

Wenn wir diese vorläufigen Ergebnisse aus der Intelligenz- und Kreativitätsforschung auf unser Thema übertragen, können wir (wiederum im Vorgriff auf das, was später detaillierter dargestellt wird) fünf ähnliche Faktoren nennen. Ein waches Leben aus dem höheren Seelenbewußtsein wird gefördert durch: Lebenserfahrung, Offenheit für andere und neue, gesunde Lebensweisen, einen starken Antrieb, mehr über den Sinn des Lebens herauszufinden und dafür auch Zeit und Energie einzusetzen, und eine spirituelle Umgebung.

Raymond B. Cattell stellte den Einfluß der herrschenden Kultur in den Mittelpunkt seiner Kritik der üblichen Intelligenztests. Er beschrieb zwei Faktoren, die für Intelligenz eine Rolle spielen:

- Eine »fließende Intelligenz« *(fluid intelligence)*, die nonverbal ist und relativ frei von kulturellen Prägungen oder spezifischen Anweisungen für ihren Gebrauch. Als Beispiel erwähnt er die Erinnerung an Ziffern.
- Eine »kristallisierte Intelligenz« *(crystallized intelligence)*, die erworbene Fähigkeiten und Wissen beinhaltet, die kulturabhängig sind und auch von der formellen und informellen (Aus-)Bildung bestimmt werden. Als Beispiel nennt er den Wortschatz, über den ein Mensch verfügt.

Robert Sternberg befragte Laien und Psychologen aller Typologien und definierte Intelligenz dann aufgrund deren Antworten so: Ein intelligenter Mensch argumentiert logisch und gut, ist belesen und liest viel, verfügt über einen gesunden Menschenverstand, hält sich geistig offen und liest mit einem hohen Grad an Verständnis.

Eine andere Studie bezeichnet Intelligenz als Funktion von Entwicklungsstadien. Jean Piaget beschrieb Intelligenz als »eine sich entwickelnde biologische Anpassung an die äußere Welt; in dem Maß, in dem kognitive Fähigkeiten (Erkenntniskräfte) erworben werden, verstärkt sich die Kraft der Anpassungsfähigkeit, und mentale Vorgänge von Versuch und Irrtum ersetzen zunehmend Versuch und Irrtumprozesse auf der physischen Ebene.« Piaget meinte, daß der sinnvolle Erwerb und die Nutzung von Erfahrungen voraussetzt, daß Menschen eine kognitive Organisation bzw. Reorganisation in ihrer mentalen Struktur ausbilden. Eine wieder andere Überlegung lautet, daß allgemeine Intelligenz entscheidend auch davon abhängt, daß elektrochemische mentale Energie im Gehirn erzeugt wird, um Probleme zu lösen.

Edward L. Thorndike definierte Intelligenz als eine große Anzahl von intellektuellen Faktoren bzw. Elementen, die untereinander verbunden sind und zusammen eine bestimmte Fähigkeit darstellen; sein Ansatz ist als Multifaktor-Theorie bekannt. Er nennt drei Hauptgruppen von Faktoren, nämlich soziale Intelligenz als Fähigkeit zum Umgang mit Menschen, konkrete Intelligenz als Fähigkeit zum Umgang mit Dingen und abstrakte Intelligenz als Fähigkeit zum Umgang mit verbalen und mathematischen Begriffen, Formeln und Gleichungen.

Auch hier möchte ich kurz innehalten und darauf hinweisen, daß schon lange vor unserer derzeit aktuellen Diskussion über »emotionale Intelligenz« die sozialen und emotionalen Komponenten wichtiger Gegenstand der Diskussion, Forschung und Definition einer durchaus ganzheitlich zu nennenden Auffassung von Intelligenz waren (Thorndike starb 1949).

Louis L. Thurstone glaubte, daß Intelligenz die Verbindung bestimmter Fähigkeiten sei, die als primäre mentale Fähigkeiten bezeichnet werden. Dazu zählen: verbales Verständnis, Wahrnehmungsgeschwindigkeit, vernünftige bzw. logische Argumentation, Fähigkeit zum Umgang mit Zahlen, Rollengedächtnis (Erinnerung an Rollen, die Menschen im Leben spielen), Wortschatz und Verständnis für räumliche Zusammenhänge.

Howard Gardner von der Harvard-Universität, der als »Neo-

Piagetianer« gilt, hat Intelligenz in inzwischen sieben Hauptgruppen neu unterteilt. Die Begriffe für diese sieben Gruppen bezeichnen gleichzeitig die Art und Weise, wie die entsprechenden Menschen am besten lernen und sich als Persönlichkeit entwickeln.

Es sind: linguistisches Auffassungsvermögen (Menschen, die über Sprache lernen), logisch-mathematische Intelligenz, kinesthetische Intelligenz (Menschen, die über Körperbewegung lernen und sich austauschen), räumliche Intelligenz, musische Intelligenz, intrapersonale Intelligenz (Menschen, die durch stille Einkehr lernen und sich entwickeln), interpersonale Intelligenz (Menschen, die sich durch den aktiven Austausch mit anderen entwickeln) und neuerdings auch »naturalistische Intelligenz« (Menschen, die über Naturerleben lernen und sich entfalten).

Schon diese wenigen Hinweise genügen, um zu zeigen, daß der IQ selten nur als ein Maß von rein rationalen, intellektuell-pragmatischen »männlichen« Fähigkeiten, die der linken Gehirnhälfte zugeordnet werden, verstanden und gewertet worden ist. Auch die vermeintlich »weiblichen« Qualitäten der rechten Gehirnhälfte haben für die herausragenden Beschreibungen von Intelligenz und für die meisten Tests immer eine große Bedeutung gehabt. Mit dem aktuellen Stichwort (oder Schlagwort) von der emotionalen Intelligenz haben diese Funktionen der linken Hemisphäre jedoch einen noch größeren Stellenwert erhalten.

Der EQ und die Emotionale Intelligenz

Fast hundert Jahre sind seit Binets ersten IQ-Tests vergangen, und wir haben inzwischen den »EQ«, den emotionalen Quotienten, kennengelernt. Die emotionale Intelligenz soll unsere Sensibilität anzeigen, die Fähigkeit, auf andere Menschen einzugehen und Menschlichkeit im Alltag zu entwickeln. Dazu gehört der Ausgleich der beiden Gehirnhälften – also der »aktiven« und der »passiven« Hemisphäre, der »männlichen« und der »weiblichen« Eigenschaften, der Tatkraft und der Intuition etc. Der EQ soll etwas darüber aussagen, welche emotionale Intelligenz und welche Gefühlsfähigkeiten wir besitzen.

»Wer Erfolg im Leben haben will, muß klug mit seinen Gefühlen umgehen können und das *emotionale Alphabet* beherrschen. Der EQ, der *emotionale Quotient*, meint diejenige Intelligenz, die sich in unserem Verständnis und unserer Handhabung menschlicher Gefühle zeigt – einer komplexen Skala zwischen Angst und Wut, Liebe und Aggression, Verzweiflung und Freude.« So eine zentrale Aussage von David Goleman.

»Was nützt ein hoher IQ, wenn man ein emotionaler Trottel ist?« fragt er in seinem Bestseller *Emotionale Intelligenz*. Und: »Ohne ein intaktes Gefühlsleben taugt der beste Intellekt nichts, denn beide Systeme, das emotionale und das rationale, stehen in beständiger, hochkomplexer Wechselwirkung.«

Goleman spricht von einem »wachsenden Elend in unserem gemeinsamen Gefühlsleben« und meint: »Jetzt ist die Wissenschaft endlich in der Lage, auf diese dringende und verwirrende Frage der Psyche (nach dem Stellenwert des Fühlens im mentalen Leben) in ihren irrationalsten Aspekten begründete Antworten zu geben und das menschliche Herz mit leidlicher Genauigkeit kartographisch zu erfassen.«

Er stellt sich als Aufgabe die Frage: »Wie läßt sich Intelligenz in unsere Emotionen bringen – und Höflichkeit auf unsere Straßen und gegenseitige Fürsorge in unser Gemeinschaftsleben?«

Die Antwort der Menschen, die im erwachten Seelenbewußtsein leben, auf diese Frage ist klar: Wenn ein Mensch erkannt hat – nicht nur rational und auch nicht nur emotional –, daß er dem Wesen nach reiner Geist, Selbst, Bewußtsein, »göttlicher Funke« ist, und wenn dieser Mensch das täglich in der Einkehr (zum Beispiel in der Meditation) und im Alltag erlebt, dann sieht er buchstäblich in jedem anderen Geschöpf, nicht nur in den Menschen, das geistige Schöpferprinzip, dann fühlt er in jeder anderen Kreatur den göttlichen Lebensstrom – nicht nur in den zweibeinigen Kreaturen, sondern in allen Lebewesen. Dann erst wird er – solange er eben im Seelenbewußtsein verankert bleibt und nicht »herausfällt« – nichts tun, auch nichts sagen und noch nicht einmal etwas denken, was andere Geschöpfe schädigt, sie verletzt, sie herabwürdigt, beeinträchtigt oder ihnen gar ihren lebendigen Ausdruck nimmt. Das ist dann keine Frage der »Moral« oder der »guten Sitten« mehr. Dann geht es auch nicht (mehr) um eine etwaige Strafandrohung für unethisches Verhalten. Solche Menschen leben im vollen Bewußtsein, daß ihr Sein und Wohlergehen in keiner Weise vom Sein und Wohlergehen anderer Geschöpfe getrennt ist.

Die emotionale Intelligenz ist sicherlich eine notwendige Erweiterung eines bislang manchmal oder oft zu eng verstandenen Intelligenzbegriffs. Zum »EQ« gehören die emotionale Selbstwahrnehmung, der angemessene Umgang mit Emotionen, die Fähigkeit, Emotionen produktiv zu nutzen, die Deutung von Emotionen durch Empathie, durch Einfühlung, und die Fähigkeit, Gefühle angemessen im Umgang mit Beziehungen zu berücksichtigen bzw. einzusetzen.

Ein inzwischen recht weit verbreiteter Ansatz, die emotionale Intelligenz zu nutzen, besteht darin, sie zu »instrumentalisieren«, sie also gezielt einzusetzen, um bestimmte Ergebnisse und Erfolge zu erreichen. Dieser meist profit- oder prestigeorientierte Versuch, die neueren Erkenntnisse über die Bedeutung von Gefühlen anzuwenden, entleert die Gefühle damit aber gleichzeitig ihres ursprünglichen Sinns.

Denn wenn ein Gefühl »gemacht«, »erzeugt«, »vorgespielt« oder sonstwie manipulativ gehandhabt wird, ist es ja kein authentisches Gefühl mehr. Dann ist es nicht mehr ein spontaner Ausdruck des Menschen, sondern ein mental erzeugtes Kunstprodukt. Beispiele dafür liefern uns sowohl Politiker wie Massenmedien.

Was uns da an gefühlstriefenden »Betroffenheitsberichten« vorgesetzt wird (Lady Dianas Tod, Präsident Clintons Privatleben), spottet jeder Beschreibung. In der Gewißheit, den Gefühlsnerv vieler Leser bzw. Zuschauer durch bestimmte Impulse zu einer vorausberechneten Reaktion stimulieren zu können, bringen Boulevardzeitungen und die »Herz-und-Schmerz-Presse« immer wieder angeblich neue Geschichten zum ewig alten Thema – und wir lassen uns zur Träne im Augenwinkel bewegen.

Wenn ein Ereignis in unserer näheren Umgebung aber eine echte Anteilnahme des Herzens erfordern würde, ist unser »Gefühlsspeicher« aber meist schon belegt bzw. verbraucht, je nachdem, wie man das sieht. Ähnliches gilt für viele unsägliche Vor- und Nachmittagsshows im Fernsehen, in denen Mitmenschen veranlaßt werden, ihre Gefühle auf eine Weise offenzulegen, die uns weniger betroffen machen, als daß sie uns peinlich berühren.

Unabhängig vom Mißbrauch der Gefühle: Wenn wir die Aussagen von IQ und EQ betrachten, kommen wir recht bald zu der Feststellung, daß mit diesen beiden Quotienten über einen sehr wichtigen Bereich des menschlichen Lebens noch überhaupt nichts gesagt ist. Wir »messen« (soweit das eben geht) zwar die Intelligenz, die Verstandeskräfte, mit IQ-Tests, und wir sagen etwas über die Emotionalität, die Gefühlskräfte, mittels eines EQs aus, wissen aber noch lange nichts über Lebenssinn, Seelenkraft, Liebesfähigkeit und spirituelle Bewußtwerdung eines Menschen! Und übrigens auch nichts über seine ganzheitliche Gesundheit, seine Vitalität und Leistungskraft.

- Ihr IQ (der Intelligenzquotient in der alten, engen Auslegung) wird Sie in der Welt der Materie, der Dinge und praktischen Angelegenheiten voranbringen. Er wird vornehmlich durch die Stimulierung der linken, »rationalen« und »abstrakten« Gehirnhälfte aktiviert.
- Ihr EQ (die emotionale Intelligenz) hilft Ihnen beim Umgang mit der Umwelt, mit den Gefühlen der Mitmenschen und vor allem mit den eigenen Gefühlen. Er wird insbesondere durch die Stimulierung der rechten, »emotionalen« bzw. »künstlerischen« Gehirnhälfte aktiviert.

Erst Ihr Seelenquotient, der SQ, fördert die Entwicklung und Anwendung aller Ihrer Fähigkeiten auf ganzheitliche Weise. Ihr SQ bestimmt, ob Sie Erfolg im äußeren Leben *und* innere Erfüllung erfahren, ob Sie körperliche Heilung *und* geistige Kreativität aktivieren, ob Sie beglückende Gefühle *und* eine Erhebung der Seele in höhere, spirituelle Dimensionen erleben.

Der SQ wird beeinflußt durch

- den bewußten »Anschluß« an das Potential einer sehr viel größeren Kraftquelle, als es die bereits sehr starken Kräfte des Intellekts und der Emotionen sind, nämlich die bewußte Rückverbindung mit den Seelenkräften. Durch den Anschluß an diese spirituellen Bewußtseinskräfte entfaltet sich der SQ.
- Damit wird es auch möglich, eine Brücke zu schlagen zwischen den beiden Gehirnhälften und das Potential des »Miteinanders« anstatt des »Nebeneinanders« der Gehirnhälften zu nutzen.
- Die Brücke allein reicht aber nicht aus. Sie ließe sich vielleicht auch mit Hilfe von bestimmten akustischen und elektrischen Reizen schaffen. Vielmehr stellt der entwickelte SQ die bewußte, höhere »Zielvorgabe« und »Steuerung« dar, warum, wie und auf welche Ziele hin die beiden Gehirnhälften »funktionieren« sollen.

Ihren SQ zu entdecken, zu stärken und zu gebrauchen ist der wichtigste Schlüssel zu einer persönlichen Zukunft, die dem außerordentlichen Geschenk des menschlichen Lebens einen bleibenden Sinn verleiht. Wenn Sie in diesem Sinne bewußt leben, werden Sie von einer Seelenkraft durchdrungen, die nicht nur Sie erfüllt, sondern auf allerbeste Weise auch überpersönlich zum Wohl für Ihre Umwelt wirkt.

Der SQ ist der Schlüssel zur »positiven Mystik«. Das ist die ganzheitliche Nutzung des gesamten schöpferischen Potentials des Menschen. Die Ideale hier lauten: bestmögliche Gesundheit und vitale Kraft, herzliche Offenheit und emotionale Sicherheit, rege Intelligenz und kreative Leistungen – sowie die Entwicklung der höchsten geistigen Kraft, der Seelenkraft oder Kraft des Überbewußtseins, und die Erfahrung, daß es eine Schalt- und Steuerzentrale in jedem Menschen gibt, die immer das Richtige und das Beste weiß und kann.

»Man soll sich mehr um die Seele als um den Körper kümmern, denn Vollkommenheit der Seele richtet die Schwächen des Körpers auf.« So wird uns ein Wort des griechischen Philosophen Demokrit überliefert. Wir können noch mehr aussagen: Wenn wir uns mehr um die Seele kümmern, befriedet ihre Vollkommenheit auch unser Gemüt, und sie führt unser Denken auf den richtigen Weg.

Haben wir dazu nicht die Psychologie? Von dem berühmten scharfsinnigen (und spitzzüngigen) Wiener Publizisten Karl Kraus gibt es zu diesem Thema drei Aphorismen, die ich hier gern zitiere:

> Psychologie ist ein Omnibus, der ein Luftschiff begleitet.
> Die Psychologie befaßt sich mit den einzelnen Wellen des Baches.
> Aber hat ein Bach je aus Wellen bestanden?
> Psychoanalyse ist mehr eine Leidenschaft als eine Wissenschaft.

Die Seele ist mehr und anders als Körper und Gemüt, mehr und anders als Psyche und Intellekt, mehr und anders als ... ja, als alles, was materiell, physiologisch, psychosomatisch ist, und auch anders als das, was okkult, medial oder paranormal ist. Schauen wir uns gemeinsam einige Definitionen an und überlegen wir, ob wir zustimmen – ganz, teilweise oder gar nicht.

Seele

Das Wort *Seele* stammt laut Angaben des Herkunftswörterbuchs aus dem urgermanischen *saiwalo*, »die vom See Stammende«, »die zum See Gehörende«. Bestimmte Seen galten den Germanen als Aufenthaltsort der Seelen vor der Geburt und nach dem Tode. Diese Ableitung gilt übrigens für das Wort Seele in praktisch allen nordischen Sprachen, also auch für das englische *soul*, das schwedische *själ* und so fort. Bereits die Herkunftsbeschreibung macht also deutlich, daß es sich bei »Seele« um etwas handelt, das über den Körper und die Zeit des Körperlebens weit hinausgeht!

Das *Oxford Dictionary* fügt hinzu, daß Seele der »unkörperliche Geist eines Menschen« sei. Im Französischen haben wir das Wort *âme*, im Spanischen *alma*. Alma kommt aus dem Lateinischen und heißt soviel wie »nahrungsspendend« und wird ebenfalls für »Seele« gebraucht. Der französische Begriff wird im *Larousse* zunächst mit »Prinzip des Lebens« und danach mit »Summe von Gefühlen, Intelligenz und Willen« beschrieben.

Gerade diese Vermengung von Begriffen – einerseits Seele als Lebensprinzip, eben eine Grundlage von allem anderen, und andererseits Seele als Summe von erst später entstehenden Persönlichkeitsaspekten – hat natürlich auch zur Verwirrung beigetragen. Die Unterscheidung zwischen einer geistigen, überpersönlichen, überkulturellen, nicht nur die Sinne erfassenden Lebenskraft hier und Ausprägungen und Gestaltungen dieser Kraft entsprechend irdischen, personalen und kollektiven Einflüssen dort hat darunter stark gelitten. Ich will in diesem Buch den Versuch wagen, eine Unterscheidung deutlich und plausibel zu machen. Damit ist jedoch keinerlei Abwertung der »geprägten Form«, von der Goethe spricht, verbunden. Da jedoch die Untersuchung und Beschreibung der geprägten Form spätestens seit der Aufklärung und der industriellen Revolution den Vorrang hatte und die Kraft, die zur geprägten Form führt, dabei vernachlässigt wurde, soll hier das, was hinter Form und Gefühl, Gedanke und Idee steht, im Mittelpunkt stehen.

Dabei greifen wir eigentlich nur auf, was im Altertum selbstverständliches geistiges Wissen war. Vom griechischen Philosophen Plato wird überliefert, daß er als einer der ersten (das heißt in der westlichen Hemisphäre, denn in Indien gab es dieses Denken bereits lange vor ihm!) den Entwurf der Seele beschrieben hat als eine vom Körper unabhängige Wesenheit oder Essenz, die unzerstörbar ist.

Spiritualität

Spiritualität definiert ein Lexikon als »Geistigkeit im Gegensatz zur Materialität« bzw. Körperlichkeit. Das Wort kommt aus dem Griechischen und bedeutet zunächst soviel wie Hauch, Atem, Geist und Lebensgeist. »Spiritus« ist nach dem *Oxford Dictionary* soviel wie

Atem des Lebens, Lebensprinzip, intelligentes, unkörperliches Wesen und bezeichnet schließlich noch das immaterielle Element eines menschlichen Wesens.

Psyche

Das Wort *Psyche* wird (leider) oft mit Seele gleichgesetzt, mit Seelenleben und Geist. Dabei bezieht es sich auf bewußte und unbewußte Schichten von Gemüt, Verstand und Eigenart eines Menschen. »Psyche« stammt aus dem Griechischen, wo es sowohl als Atem als auch als Seele und Leben übertragen wird. Das dazu gehörige Verb ist eindeutiger: Es bedeutet atmen, blasen, hauchen und kühlen.

Das *Webster's Dictionary* unterscheidet bei der Erläuterung des Begriffs »Psyche« immerhin zwischen »menschlicher Seele« als einer Bedeutung und »Gemüt« bzw. »Geist« als einer zweiten.

Seit dem 19. Jahrhundert und der Entwicklung der Psychologie hat die Verbindung des Wortes »Psyche« mit anderen Begriffen geradezu explosionsartig zugenommen: Psychiatrie, Psychotherapie, Psychoanalyse, Psychose, Psychometrie, Psycholinguistik, psychopathisch, psychosomatisch, psychodynamisch, Psychodrama, Psychogenese, Psychokinese, psychisch (womit meist jedoch nicht psychologische, sondern mediale oder »PSI«-Phänomene gemeint sind, also »außersinnliche Erfahrungen« oder »übersinnliche« Erlebnisse), psychoaktiv (was sich oft auf bewußtseinsverändernde Drogen bezieht, die »psychoaktiven Substanzen«), psychedelisch…

In der römischen Mythologie ist die Psyche eine wunderhübsche junge Frau, die zunächst der Eifersucht der Göttin Venus über ihre Schönheit anheimfällt, die ihr deshalb allerlei Prüfungen und Mißgeschicke sendet, die jedoch schließlich mit Cupid, dem Liebesboten, vereinigt und durch Jupiters Entscheidung unsterblich wird.

Dieses Buch geht davon aus, daß Seele und Psyche nicht dasselbe sind. Seele und Selbst werden dagegen synonym verwendet, der Begriff Geist ebenfalls. Ein Vorgriff auf meine Schlußbemerkungen:

Dieses Buch geht auch davon aus, daß die isolierte Entwicklung der rein geistig-spirituellen Seelenkräfte ohne ihre Einbindung in eine psychologische Entwicklung höchst problematisch ist und zu vermeidbaren Persönlichkeitsstörungen führen kann.

Die Linie im Sand

Der Seelenquotient in den Mythen der Welt

In alten, längst vergangenen Tagen pflegten die Herrscher, große und auch kleinere, sich nicht etwa nur Hofnarren zu halten (das gibt es selbst heute noch an den »Höfen« der sogenannten aufgeklärten Regierungssitze zuhauf), sondern sie suchten auch regelmäßig den Rat weiser Menschen. Damals waren das meist Männer, aber Rabia von Basra und Mira Bai, Hildegard von Bingen und Teresa von Avila sind immerhin einige berühmte weibliche Ausnahmen.

An diese gute Sitte hielt sich auch der bedeutende indische Kaiser Akbar, der – wie so viele Herrscher in anderen Regionen dieser Welt, die es zu etwas gebracht haben – mit dem Beinamen »der Große« geschmückt wurde (Alexander der Große, Karl der Große usw.).

Die Zahl der »Großen« ist ja fast Legion. Und doch haben auch sie eines Tages diese Welt verlassen müssen – ohne irgend etwas mitnehmen zu können. »Das letzte Hemd hat keine Taschen«, sagt das bekannte Sprichwort.

Deshalb hatte Alexander, der große Grieche, angeordnet, daß bei seiner Leichnamsprozession durch die Straßen darauf geachtet werden mußte, daß beide Arme links und rechts unter dem Leichentuch hervorschauen sollten, mit den leeren Handflächen gut sichtbar nach oben zum Himmel gekehrt. (Manche berichten, daß sich diese Begebenheit nicht am Ende des Lebens von Alexander, sondern von König Mahmud von Ghasni zugetragen habe, der im 11. Jahrhundert siebzehnmal mit seiner Armee nach Indien eindrang.) Doch zurück zum großen Inder Akbar.

Akbar hatte es sich zur Gewohnheit gemacht, seine weltlichen Berater immer wieder einmal auf die Probe zu stellen, ihrem Geist die Chance zu geben, sich zu bewähren, geschärft zu werden, eine neue Perspektive zu entwickeln – um nicht in alten Mustern festzufahren und steckenzubleiben.

Er rief also eines schönen Tages seine wichtigsten Wesire und Minister, Höflinge und Berater zu sich. Er ließ ihnen ausrichten, daß er in einer wesentlichen Regierungsfrage ihren Rat suche. Ob es übrigens wohl wirklich ein schöner Tag war? Wir wissen es nicht, nehmen es der Ausschmückung der Geschichte halber aber einfach an. Akbar winkte, als sich alle versammelt hatten, seinem vertrauten Diener Ali zu und flüsterte ihm etwas Geheimnisvolles ins Ohr. Ali verschwand daraufhin, und Akbar blieb mit einem Schmunzeln stumm sitzen, ohne das Wort zu ergreifen.

Lächelnd sah er sich nach einigen Minuten in der Runde um. Manchen Versammelten sah er an, daß sie verstohlen die Stirne runzelten ob der Situation, die sicher nur wieder einer merkwürdigen Laune des Kaisers entsprang. Andere tuschelten sich leise etwas zu und unterhielten sich untereinander. Dritte wurden deutlich ungeduldig, weil ihnen die stumme »Audienz« als eine schiere Zeitvergeudung erschien.

Schließlich öffnete sich der schwere, hohe purpurrote Samtvorhang des Thronsaals ein wenig – denn dorthin hatte Akbar die Beratung einberufen –, und Ali kam herein, schwer beladen mit zwei Holzeimern, die er links und rechts an einer Stange trug, die auf seinen gebückten Schultern auflag, in einer Hand einen Reisigbesen, in der anderen einen schlichten Holzstock.

Er stellte die Eimer vor Akbar ab. Dieser nickte ihm zu, woraufhin Ali den Inhalt der Eimer vor dem Kaiser auf den kostbaren Marmorboden schüttete: Sand ... Sand? Ja, schlichter, gelber, feinkörniger Sand!

Ali nahm den Reisigbesen, breitete die beiden kleinen Sandhaufen vor Akbar dem Großen zu einem dünnen Sandbeet aus und reichte dem Kaiser dann den Holzstock.

Akbar erhob sich, schaute in die Runde und bedeutete seinen Beratern, sich rund um dieses merkwürdige Sandbeet zu versammeln. Dann zeichnete er mit dem Stock eine Linie in den Sand.

Was sollte all das heißen? Hatte Akbar etwa einem Soma-Trank ungebührlich zugesprochen? Wurde er am Ende gar schon in mittlerem Alter kindisch wie ein seniler Greis? Diese und andere Überlegungen standen den Beratern ins Gesicht geschrieben. Was sollte

Sand auf dem Marmorboden des Thronsaals, was sollten ein Holzstock und eine Linie im Sand denn mit wichtigen Staatsgeschäften zu tun haben?

»Hier seht ihr eine Linie, nicht wahr?« fragte Akbar in die Runde. »Nun, ihr habt euch sicher gewundert, in welcher Angelegenheit ich euren Rat suche. Also, ich möchte gern wissen, wie man diese Linie im Sand kürzer machen kann. Wie könnt ihr diese Linie verkürzen? Die Bedingung lautet jedoch, daß ihr die Linie selbst nicht berühren oder verwischen dürft und daß ihr das Sandbeet nicht verändert.«

© SK Publications, Naperville, Jl., 1996 mit frdl. Genehmigung

Die Wesire und Minister runzelten ihre Stirne noch mehr als zuvor, traten näher heran, gingen wieder auf Abstand, tuschelten erneut miteinander ... doch keiner wußte eine Antwort. Die adligen Höflinge schauten nicht mehr so vornehm und edel drein wie sonst, sondern eher verdutzt. Selbst dem Hofnarr fiel kein Spaß mehr ein. Nur seine Schellen an Kappe und Schnabelschuhen klirrten leise, während er die Hände rang und von einem Fuß auf den anderen trippelte.

»Eine unmögliche Aufgabe!« – »Da gibt es keine vernünftige Antwort!« – »Will der große Kaiser uns mit einem unlösbaren Paradox demütigen?« – »Was um alles in der Welt hat das mit Regierungskunst zu tun?« Solche und andere Sätze murmelten die Berater vor sich hin.

»Nun, keinem von euch weisen Männern fällt eine Lösung ein?« vergewisserte sich Akbar. Da meldete sich Birbal, sein geistiger Mentor, ein Meister der Kontemplation. »Darf ich den Holzstock einmal haben?« fragte er Akbar, der ihn ihm bereitwillig überließ. Birbal nahm den Stock und zeichnete neben die Linie des Kaisers eine zweite in den Sand, die er jedoch um ein deutliches Stück länger machte.

© SK Publications, Naperville, Jl., 1996 mit frdl. Genehmigung

»Hiermit, o großer Herrscher, ist deine Linie verkürzt, ohne daß sie berührt oder sonstwie verändert wurde.«

Verblüfft schauten sich die Minister, Wesire und Höflinge untereinander an. Ja, natürlich, so einfach war die Lösung – warum waren sie nicht selbst darauf gekommen? Aber was sollte das alles mit Staatsgeschäften zu tun haben?

Auch darauf wußte Birbal eine treffende Antwort: »Die höchste Regierungskunst besteht darin, die Schätze des Landes so zu verteilen, daß keinem etwas von dem genommen wird, was er bereits hat, sondern daß etwas Neues geschaffen wird, das allen einen zusätzlichen Nutzen bringt.«

Wäre es nicht wunderbar, wenn wir in unserer modernen Welt Präsidenten und Regierungschefs, Kanzler und Minister hätten, die wie ein Birbal handelten? Oder die zumindest die Klugheit eines Akbar besäßen, sich einen Birbal zu suchen? Es ist noch nicht zu spät, daß wir aus einer orientalischen »Märchengeschichte« eine Wirklichkeit der neuen Zeit machen. Das liegt schließlich nur an uns selbst.

2. Was ist der Seelenquotient?

In dem Augenblick, in dem ein Mensch den Sinn und den Wert des Lebens bezweifelt, ist er krank.

Sigmund Freud

Versuch der Beschreibung eines Faktors, der mehr als alle anderen bestimmt, wieviel Energie wir haben, ob wir Erfahrungen richtig nutzen, ob wir erfolgreich sind, ob unser Leben erfüllt ist.

Woher kommt unsere Energie? Aus Lebensfreude, aus Mitgefühl und dem Wunsch, anderen zu helfen und etwas Gutes zu tun, aus Liebe! Andere Motivationen, wie zum Beispiel Geld, Ruhm und Macht, existieren natürlich auch – und haben ihre Berechtigung –, tragen aber leider nicht so weit. Denken Sie an Mutter Teresa oder Mahatma Gandhi, an Albert Schweitzer oder den heiligen Franziskus von Assisi. Denken Sie an Lao Tse, Buddha oder Jesus Christus. Was hat diese Seelen bewegt? Liebe zu den Geschöpfen und Liebe zur Schöpfung, die aus der Liebe zur Schöpferkraft erwuchs.

Erfüllung finden wir doch nur, wenn wir uns mit dieser Lebensenergie verbunden fühlen – man mag sie kosmische Kraft nennen, den Heiligen Geist, das innere Wort oder anders. Erfahrungen werden wir doch nur dann nutzen, wenn wir eine höhere Perspektive haben, aus der wir die Lernaufgabe in unseren Erfahrungen (die ja leider häufiger leidvoll sind) als solche erkennen können.

Wenn Sie in der Wüste sind, nutzt Ihnen die beste wissenschaftliche Beschreibung von H_2O gar nichts. Auch die Worte *pani, eau, aqua, water, woda* oder *Wasser* helfen nicht weiter. Nur die Sache selbst, die Oase, die Quelle, die tatsächlich Wasser gibt, hilft dem Verdurstenden wirklich. Philosophische Überlegungen oder psychologische Analysen helfen uns in der Grundnot des Menschseins nicht sehr viel weiter – so verständlich die Bemühung des Ertrinkenden ist, nach jedem Strohhalm zu greifen.

Die Grundnot ist das Leiden am Un-Sinn oder (noch) nicht erkennbaren Sinn, das Leiden am Leiden der Menschen und Geschöpfe, das Leiden an der augenscheinlichen Absurdität eines »zufälligen« kurzen Lebens in Unkenntnis von Hintergründen und Zielen, Aufgaben und Chancen. Oft genug sind es allerdings auch selbst verursachte Leiden, unter denen wir bald zusammenzubrechen drohen.

Natürlich ist es für den in der Wüste Verirrten schön, von einem Leidensgenossen darüber zu hören, daß es irgendwo Oasen gibt. Besser wäre es, wenn ein anderer Leidensgenosse eine Karte hätte. Und noch hoffnungsvoller wäre es, wenn ein dritter den Weg wüßte und uns dorthin führen könnte, bevor wir verdursten. Und doch würde auch dann noch gelten: Nur wenn wir – in der Oase angekommen – das dort reichlich zur Verfügung stehende Wasser trinken, erfahren wir die eigentliche Erlösung. Nur wenn wir das Angebot auch annehmen und praktisch verwirklichen, Sinn und Erfüllung, Bewußtheit und Seelenerfahrung zu leben, werden wir von der Not am Menschsein erlöst.

Gibt es das »Wasser des ewigen Lebens«, von dem Jesus Christus im Neuen Testament bei der Begegnung am Brunnen mit der Frau aus Samaria spricht? Menschen, die ihr Seelenbewußtsein entwickelt haben – sei es durch tätige Nächstenliebe, durch mystische Visionen, durch Übungen, durch die Hilfe eines Heiligen oder Meisters –, sagen: Ja, es gibt tatsächlich ein »ewiges Wasser des Lebens«, das uns, wenn wir erst einmal davon getrunken haben und den Weg zur Quelle in uns jederzeit wieder gehen können, »nie mehr durstig sein« läßt, wie diese Bibelstelle weiter ausführt. Der SQ ist das Maß unserer Suche nach Wahrheit, nach Sinn. Er bezeichnet unsere Sehnsucht nach dauerhafter Liebe und einem Bewußtseinslicht, das auch in der Not und sogar mit dem Körpertod nicht erlischt.

Der SQ ist aber kein Maß der Erleuchtung! Wie sollte man die von außen auch »messen« können? Güte, Liebe, menschliche Zuwendung und Anteilnahme, ein heiliges (heiles) Leben, ein heilendes Leben und Demut können deutliche äußerliche Anzeichen für die innerliche Erleuchtung sein. Ein Mensch, der diese Eigenschaften nicht lebt, ist möglicherweise ein guter Freund, sicher ein lieber Mitmensch, aber eben kein »Erleuchteter«. Hier gilt eher das altbekannte Wort: Wer sagt, er sei ein Meister, ist mit Sicherheit keiner. (Was natürlich nicht heißt, daß jene, die das nicht von sich behaupten, schon deshalb Meister wären.)

Der SQ, der Seelenfaktor, kennzeichnet vielmehr, ob und wie weit sich ein Mensch bewußt auf den Weg gemacht hat, die Wunder des Lebens zu entdecken. Der SQ weist darauf hin, ob die Seele noch schläft, ob sie bereits träumt oder ob sie erwacht ist und im Begriff ist, aufzustehen, um ihren Tag zu beginnen. Man kann die Abkürzung SQ mit Seelenquotient, mit spirituellem Quotienten, mit Selbst-Quotient oder Selbsterfahrungs- oder Selbstverwirklichungs-Quotient beschreiben. Man könnte diesen Begriff aber genausogut auch mit »Such-Quotient« übersetzen. Allein die Bereitschaft zur Suche zeitigt ungeheure Folgen. Sie setzt unglaubliche, tiefe Energien frei, eröffnet neue Perspektiven auf unser Leben, weist ungeahnte Wege auf und bietet unerwartete Möglichkeiten. Jeder Mensch, der den »schöpferischen Sprung ins Ungewisse« der Suche nach dem Urgrund des Seins erprobt hat, wird das bestätigen.

Den höchsten SQ hätte ein Mensch,

- der um die ihm bestmögliche ganzheitliche Entwicklung im Alltagsleben bemüht ist.
- der kein »Karma« mehr anhäuft, der also in der Welt durchaus wirkt, aber ohne Ego-Verhaftung.
- der sich bewußt und entschieden im Rahmen seiner Möglichkeiten auf den Weg gemacht hat, die Grundfragen des Seins zu lösen: »Woher? Warum? Wohin? Was ist Wahrheit? Gibt es eine Seele? Gibt es Gott? Was war vor dem Körperleben? Was kommt danach? Was ist der Sinn meines Lebens?«
- der, kurz gesagt, seine geistige Suche mit einer aktiven, schöpferischen Anteilnahme am gesamten Erdensein verbindet.

Von der Psychologin Paula Bromberg aus Santa Fe, die *Sacred Psychology* entwickelt hat und eine Expertin der Integration von Psychologie und Spiritualität ist, habe ich eine kleine Geschichte gehört, die wunderhübsch illustriert, was es mit dem SQ auf sich hat. Sie geht ungefähr so:

Zwei Freundinnen hatten ein ganzes Leben lang zusammen verbracht. Die eine war aufgeschlossen und an vielem interessiert, bildete sich laufend weiter und nahm viele neue Informationen auf. Die andere war weniger wendig und ging selten über den Rahmen ihres Alltags hinaus. Die Frauen sterben beide gleichzeitig und gelangen auch gleichzeitig ans Himmelstor. Die geistig eher etwas weniger bewegliche wird umgehend eingelassen, die andere Freundin muß erst mühevoll weitere Zwischenhimmel durchqueren, bevor sie in den höchsten Himmel kommt. Sie fragt Petrus natürlich, warum denn das so sei. Seine Antwort: »Deine Freundin hat nur zehn geistige Dinge kennengelernt, aber acht davon auch tatsächlich gelebt. Du hast viel mehr, sogar viele hundert Weisheiten kennengelernt, aber nur fünfzig umgesetzt.«

Der SQ heißt nicht, daß Sie große esoterische Kenntnisse haben oder viele Bücher verschiedener Religionen und Heiliger lesen müssen. Vielmehr bezeichnet der Seelenquotient die Bereitschaft, nach dem Sinn des Lebens zu suchen und das, was man findet, auch wirklich zu leben – sei es noch so »wenig«. Wer zum Beispiel Wahrhaftigkeit oder Mitgefühl oder aktive Nächstenliebe oder Gebet als Sinn des Lebens empfindet und sich auch im Alltag ernsthaft darum bemüht, eine einzige Qualität zu verwirklichen, wird einen höheren SQ haben als Menschen, die zwar viel wissen, aber wenig danach leben.

Wenn wir beginnen, nach einer höheren Kraft zu suchen, die größer, zuverlässiger und tragfähiger ist als die kleinen Ichmotive, dann beginnt die Seele immerhin, von einem schöneren Bewußt-Sein zu träumen. Wenn wir praktisch anfangen, uns mit der höheren Kraft zu verbinden und daraus zu leben, dann erwacht die Seele endlich zu ihrem wahren Bewußt-Sein. Übungen dazu finden Sie im dritten Teil dieses Buches.

Das Festmahl im Himmel

Der Seelenquotient in den Mythen der Welt

Der Herr über Himmel und Erde, über Leben und Tod, über Engel und Teufel, der ja auch der Herr über uns Menschen ist, über unsere vierbeinigen Freunde, über alles Getier, ja sogar der Herr über die Bäume und Blumen, Sträucher und alle anderen Pflanzen, hatte diejenigen Himmelswesen, die als Engel galten, und jene Geister, die man für Teufel hielt, zu einem Festmahl in den Himmel geladen.

Ob die Bezeichnung »der Herr« eigentlich zutrifft, wissen wir selbst leider auch nicht ganz genau. Wäre vielleicht »die Frau über Himmel und Erde« oder »der Vater« oder »die Mutter« richtiger? Wer weiß, unter Umständen hat dieser »Herr« gar nicht die Gestalt eines »Herren«, sondern zeigt sich womöglich nur als Feuerblitz, als Liebessehnen, als flammender Dornenstrauch, aus dem eine Stimme erschallt, als eine innere leise Stimme unseres Herzens...

Nun gut, immerhin, die Engelchen und die B-Engelchen hatten sich im Himmel eingefunden, fast alle. Manche Schutzengel waren unabkömmlich, und auch der Totenengel hatte nach wie vor alle Hände voll zu tun. Der Fürst der Unterwelt hatte seine Vertreter geschickt, denn er wollte nun doch nicht Gefahr laufen, daß die höllischen Fegefeuer, die die Seelen reinigen sollten, ganz unbeaufsichtigt blieben und die Hitze nicht mehr feurig-heiß genug wäre, um das Seelengold von all dem Gemütsschmutz zu befreien, der sich in nur einem Leben angesammelt hatte.

Und, um auch in diesem Punkt bei der Wahrheit zu bleiben: Das besagte Festmahl fand nicht im allerhöchsten Himmel statt, sondern dort, wo die Teufelchen gerade nicht so stark von der Himmelsliebe erfaßt wurden, daß sie ihre Aufgaben ganz vergäßen. Und es war auch ein solcher Ort im Himmel, an dem andererseits die Engelchen doch noch genug himmlisches Licht sahen, um ihre Seelchen nicht verkümmern zu lassen.

Also gut, die beiden Heerscharen hatten sich eingefunden und saßen – säuberlich getrennt – auf den beiden Seiten eines unermeßlich langen Tisches, der auf recht stabilen Wolken ruhte. Dieser Himmelstisch war wie ein überfließendes Füllhorn voll wunderbarster Gerichte. Nun gibt es im Himmel allerdings – wie sicher jeder schon weiß, aber wir wollen es doch unterstreichen – keine Schweinshaxen und keine Lammkoteletts, keine gefüllten Enten und auch keine gebratenen Flundern. Denn – auch das wissen zwar die geschätzten Leser sicherlich, und doch wird es häufig genug vergessen – im Himmel geht es bekanntlich ähnlich zu wie im Paradiese selig. Und im Paradies essen sich die Geschöpfe nicht gegenseitig auf – das wäre grausig und barbarisch. Außerdem wüßte man gar nicht, wohin mit den (stinkenden) Abfällen. Daß es wirklich so gesittet im Paradies zugeht, berichtet uns schon das erste Buch Mose auf der ersten Seite im ersten Kapitel, in den Versen 29 bis 31.

Doch zurück zum Festmahl im Himmel. Also: keine Fleischtöpfe oder Fischpfannen oder Geflügelsuppen, sondern das köstlichste Manna, das delikateste Ambrosia und die herrlichsten Elixiere. Selbst den B-Engelchen lief das Wasser im Munde zusammen, so dufteten die himmlischen Gerichte, die noch dazu in den leuchtendsten Farben funkelten oder gold und silbern irisierend schimmerten.

Eine Stimme – die des Herrn (oder war es doch eher eine Frauenstimme?) – erklang und bat alle Versammelten, sich nun am gedeckten Tisch zu bedienen. »Lasset es euch munden, nach Herzenslust«, sagte die Stimme, »nur müßt ihr eine Bedingung einhalten: Ihr dürft euch an so vielen Speisen und Getränken laben, wie ihr wollt, dabei dürft ihr aber eure Arme nicht beugen, wenn ihr die Gerichte vom Tisch auf die goldenen Teller vor euch tut, und ihr dürft eure Arme auch dann nicht beugen, wenn ihr das goldene Besteck zum Munde führt.«

Ein Festmahl, bei dem man nicht die Arme beugen darf? Überhaupt irgendein Essen, bei dem der Arm steif bleiben soll? Wie soll denn dann das Essen in unseren schon wäßrig gewordenen Mund gelangen? Probieren Sie selbst doch einmal aus, ob es Ihnen wohl gelingen mag. Nun denn, die Teufelchen rätselten hin und her, wurden schnell recht ungeduldig – wie es angeblich ihrer Natur entspricht – und kamen bald auf den Verdacht, daß sich der Herr (oder die Frau) aller Himmel einen ungebührlichen Spaß mit ihnen erlaubte und sich über ihre Hilflosigkeit nur lustig machen wollte. Laut beschwerten sie sich und riefen ihren Vorwurf hinauf, in das Licht über dem langen Tisch, aus dem die Stimme des Herrn erklungen war.

»Nein, nein, ihr Lieben, ich treibe keineswegs irgendeinen Schabernack mit euch«, wollte die wohlklingende Stimme sie beruhigen. Doch die B-Engelchen stoben einer nach dem anderen hinfort und sausten in die Reiche, in denen sie sich wohler fühlten. Schließlich wußten sie, welche sicheren, wenn auch nicht ganz so verlockenden Gaumenfreuden dort auf sie warteten. Manche von ihnen konnten sich nicht enthalten, ihrem Ärger über die verheißungsvolle Einladung, die aber zu keinerlei wirklichem Genuß führte, Ausdruck zu verleihen, indem sie noch ein bißchen Schwefeldunst hinter sich ließen.

Unterdessen hatten auch die Engel sehr überlegt, wie sie es wohl anstellen könnten, sich an den Köstlichkeiten der himmlischen Tafel zu erfreuen, ohne beim Essen ihre Arme zu beugen.

Das jüngste Engelchen, das der gelehrten Unterredung der weisen alten Erzengel über dieses vom Herrn vorgelegte Problem nicht recht folgen konnte, nahm ein goldenes Löffelchen in die kleine Puttenhand, tauchte tief in den göttlichen Wackelpudding ein, der vor ihm stand und in allen Regenbogenfarben leuchtete. Er mußte ordentlich balancieren, daß er sein Ärmchen ordentlich gerade hielt und eine große Portion Pudding nicht vorzeitig vom Löffelchen wackelte. Vorsichtig führte er das Löffelchen zu einem Nachbarengel, der ziemlich blaß und mager aussah, als ob er sehr rasch eine besondere Stärkung brauchte. Dieser war überrascht, als er vor seinem Mund ein Löffelchen mit der schönsten Portion Wackel-Manna sah. Er machte seinen Mund auf, und das kleine Engelchen fütterte ihn sodann.

»Seht nur, seht nur«, riefen einige Engel, die beobachtet hatten, was geschehen war. Nun fiel es ihnen wie Schuppen von den Augen: Indem sie sich gegenseitig beim Essen halfen, konnten sich alle an den reichlichen Gaben erfreuen, ohne ihre Arme je zu beugen.

»Merkwürdig«, meinte einer der Erzengel, »daß der kleinste Engel weiß, wie man im Himmel ißt.«

»Nicht so merkwürdig, wie ihr meint«, ließ sich die himmlische Stimme vernehmen. »Erinnert ihr euch nicht an das Wort eines meiner Botschafter, den ich vor langer Zeit auf die Erde gesandt hatte? *Es sei denn, daß ihr werdet wie Kinder, so könnt ihr das Reich Gottes nicht erlangen!*«

3. Der ganzheitliche Mensch

Der Zweck deines Lebens sei
Vervollkommnung im Guten!
Gut ist alles, was zur Gesundheit
deines eigenen Körpers und Geistes
wie jener anderer Menschen beiträgt.

Plato

Wie Körper und Geist, Psyche und Seele, materielle und spirituelle Existenz zusammenhängen.

Der Mathematiker Roger Penrose sagte in einem Interview, das ich für eine ZDF-Fernsehdokumentation vor einigen Jahren produzierte, sinngemäß: Es gibt einen eigenartigen, unauflösbaren Zusammenhang zwischen Geist und Materie. Wir wissen zwar, daß Bewußtsein »höher« ist als der Körper. Aber wenn ein Mensch einen Schlag auf den Kopf bekommt und bewußtlos wird, funktioniert sein Bewußtsein nicht mehr so, wie er möchte, weil der Körper den dazu notwendigen Dienst versagt. Also scheint es doch auch nicht ohne die Materie zu gehen.

Im Sinne einer ganzheitlichen Betrachtungsweise geht es am Ende gar nicht darum, ob das eine oder das andere »besser« ist. Vielmehr spielt es eine entscheidende Rolle, wer die Führung übernimmt: die Sinne, das Gefühl, der Verstand, die Psyche oder der Geist (in der Bedeutung von Seele, Selbst oder spirituellem Bewußtsein).

Stellen wir uns eine Kutschfahrt vor. Die Kutsche wird von feurigen starken Pferden gezogen, auf dem Bock sitzt ein Kutscher (oder eine Kutscherin), der die Zügel in der Hand hält und die Pferde lenken soll. Und in der Kutsche sitzt ein Fahrgast, der ein bestimmtes Fahrziel hat. Wenn die Pferde nun durchgehen und der Kutscher nicht mehr ihrer Herr wird oder wenn der Kutscher einnickt und die Pferde auf einem anderen als dem beabsichtigten Weg entlangtraben oder wenn der Fahrgast versäumt hat, sein Ziel anzugeben, und inzwischen tief und fest schläft, ohne daß der Kutscher ihn zu wecken vermöchte – was wird dann aus dieser Kutschfahrt? Ein Umweg, eine Fahrt in die Irre oder gar ein Unglück?

Die Kutsche ist wie der Körper. Der Kutscher ist wie das Tagesbewußtsein, das »Gemüt«. Die Pferde sind wie unsere Sinne; der Fahrgast ist wie unsere Seele. Derzeit sieht es im Leben von den meisten von uns doch so aus: Wohin in der bunten Welt der Wünsche und Verlockungen uns die Pferde der Sinne auch ziehen, dorthin fährt die Kutsche. Manchmal meint der Kutscher, eingreifen zu müssen, wenn die Pferde gar zu schnell galoppieren; mal stellt unser Tagesbewußtsein fest, daß unsere Sinne uns in eine Richtung ziehen, die doch nicht allzu günstig ist. Meistens folgt das Tagesbewußtsein jedoch den Sinnen und nicht umgekehrt. Und was macht der Fahrgast, was macht die Seele? Sie ist im Tiefschlaf und hat sich noch nicht zu Wort gemeldet. Sie gibt dem Kutscher noch keine Anweisung, wohin sie denn nun eigentlich möchte.

Die Entwicklung des Seelenbewußtseins führt dazu, daß die Seele erwacht. Sie stellt dann fest, daß sie in einem Körper durch dieses Leben zieht. Nach und nach übernimmt sie die Führung: Sie lernt allmählich, daß es ihre Aufgabe ist, Verstand und Gefühlen die Ziele der Reise anzugeben. Sie lernt, darauf zu achten, daß sich Gemüt und Sinne nach ihr richten, um nicht ziellos in der Welt des Körpers und der Materie umherzuirren. Sie wird die Lebensreise auf dem Weg absolvieren, der zu ihrem wahren Ziel führt.

Bin ich denn der Körper oder habe ich einen Körper? Bin ich die Gefühle oder spüre ich sie? Bin ich die Gedanken oder nehme ich sie wahr? Bin ich die oft verborgenen Schichten des Unbewußten, Unterbewußten und Überbewußten? Oder sind das weitere, feinere Gefühls- und Gedankenimpulse, die für mein Erdenleben zwar durchaus wichtig sind, die ich auch durchaus habe und erspüre, ohne sie aber letztlich wirklich zu sein?

Was ist die Seele denn nun? Rajinder Singh, der anfangs bereits erwähnte zeitgenössische Meditationslehrer, beschrieb in einem Vortrag die Merkmale der Seele so:

> Es ist sehr einfach, den physischen Körper zu sehen, wahrzunehmen, zu fühlen, zu hören. Doch was ist die Seele? Könnten wir die Eigenschaften der Seele verstehen, würden wir auch erkennen, wer wir wirklich sind. ...
> Eine der ersten Eigenschaften der Seele, über die die Heiligen sprechen, ist die *Furchtlosigkeit*. Die Seele kennt keine Furcht. ... *Die Seele besteht immer.* Was wir in dieser Welt als Tod bezeichnen, ist nur der körperliche Tod. Für die Seele ist der Tod nur das Wechseln eines Gewandes. ...
> (Wir haben) uns selbst Grenzen gesetzt und begrenzen uns in der Folge selbst. Doch unsere Seele ist *grenzenlos*, sie ist ein Teil Gottes, des Schöpfers. Um uns selbst wirklich verstehen zu können, müssen wir erkennen, daß alle Trennungen, welche die Menschen geschaffen haben, wie Mauern sind, die unser wahres Selbst umgeben. Mauern, die uns von der Wahrheit abhalten, Mauern, die wir niederreißen müssen, um uns selbst wirklich zu erkennen.
> Eine weitere Eigenschaft der Seele liegt darin, daß sie *voller Glückseligkeit* ist. In ihrem ursprünglichen Zustand, in ihrem wahren Zustand kennt die Seele keine Eifersucht, keinen Schmerz, kein Leid, nichts, was ihr Sorgen bereiten würde. Um die Seele zu verstehen, müssen wir erkennen, daß die uns angeborene Eigenschaft ein Zustand der Glückseligkeit und Freude ist. ...
> Eine weitere Eigenschaft unserer Seele besteht darin, daß sie *jenseits von Zeit und Raum* existiert. Alles, was wir in dieser Welt sehen, ist mit der Zeit verknüpft. Alle Objekte hier sind an eine bestimmte Zeitspanne gebunden. Doch unsere Seele ist nicht von dieser Welt. Unsere Seele ist immer da, ist immer voller Kraft, immer voller Stärke, immer voller Leidenschaft und immer voller Liebe. Sie kennt keine Geburt, keinen Tod, kein Wachstum. ...
> Eine weitere Eigenschaft der Seele ist, daß sie von sich aus *voller*

Kraft ist. Sie braucht nichts (anderes), was ihr Kraft gibt. Wir können sehen, hören, sprechen, gehen, riechen, schmecken, fühlen. Doch sobald die Seele den Körper verläßt, wird der Körper wertlos und kann dann weder sehen noch sprechen, noch gehen, noch hören. Wenn wir zum Beispiel eine Lampe betrachten, so leuchtet diese, weil sie Strom erhält. Der Strom kommt von einem Generator in einem Kraftwerk. Und das Kraftwerk hängt ab von der Kraft des Wassers ... Alles hängt also immer wieder von etwas anderem ab. Doch unsere Seele hängt von nichts anderem Äußerlichen ab. Da sie völlig bewußt ist, trägt sie alle Kraft in sich. Unsere Seele hat die *Kraft von sechzehn äußeren Sonnen.* ... Wenn wir nach innen gehen und diese Kraft erkennen würden, dann würden wir hier ohne Furcht leben, wie es eigentlich sein sollte. ... Wenn wir meditieren und unsere Aufmerksamkeit am Sitz der Seele konzentrieren, sind wir in der Lage, eine spirituelle Reise anzutreten, eine Reise jenseits der psychischen (medialen bzw. astralen) Ebenen, eine Reise in die wahrhaft spirituellen Regionen, eine Reise, bei der wir wirkliche Glückseligkeit, Freude, Frieden und Liebe erfahren, was wir zuvor niemals kennengelernt haben. Das ist der wahre Grund, warum wir den spirituellen Pfad gehen sollten.

(Im neunten Kapitel finden Sie auf Seite 158 die Lichtmeditation am dritten Auge, auf die sich Rajinder Singh hier bezieht; den vollen Wortlaut finden Sie in seinem Buch *Kraft der Seele*, Seite 132ff.)

Wer unter den Lesern über einige Tage hinweg zu Hause oder im Krankenhaus einen Menschen hat sterben sehen, nicht plötzlich, etwa infolge eines Unfalls, wird wissen, daß der dahinsiechende Körper trotz aller Anzeichen der Schwäche immer noch Leben in sich hat. Selbst wenn die Wangen eingefallen sind und die Haut bleich ist: Durch die Augen schaut uns immer noch etwas an. Im Moment des Dahinscheidens geht »etwas« heraus aus dem Körper. Alle Gliedmaßen sind noch da, Mund, Ohren und Augen und so fort. Doch »irgend etwas« ist »weg«.

Sollten wir nicht die Aussagen von Mystikern ernst nehmen und untersuchen, die aufgrund eigener Erfahrungen ganz klar mitteilen, daß es eine Seele gibt? Wir finden solche Aussagen bekanntlich nicht nur in der überreichen Fülle von Darstellungen aus dem Fernen Osten, sondern auch in unserem christlich geprägten Kulturraum – von Hildegard von Bingen und Meister Eckhart zu Teresa von Avila und Swedenborg, von Jakob Boehme und Angelus Silesius zu Jakob Lorber und vielen anderen.

Die Heiligen, Weisen, Seher, Propheten, Meister und Erleuchteten gehen noch weiter. Sie sagen, daß man die Existenz der Seele nicht nur selbst erleben kann, sondern sogar in dieser Lebensspanne die Quelle der Seele – Gott, die kosmische Schöpferkraft, oder wie Sie es auch nennen wollen – erfahren kann. Dann wären wir wirklich zum höchsten Seelenbewußtsein erwacht. Zumindest die Anfangsschritte sollten wir wagen: Ähnlich wie ein Kleinkind anfängt zu krabbeln, sich dann unsicher aufrichtet, wieder hinfällt und nach und nach an der Hand der Mutter oder eines anderen Menschen die ersten Gehversuche macht, können auch wir beginnen, als Seele die ersten Schrittchen in die inneren geistigen Welten zu unternehmen. Spirituelle Lehrer oder Meditationsmeister sind uns dabei »Mutter« oder »Vater«.

Möbelrücken

Den Zusammenhang zwischen Psychologie und Spiritualität, zwischen der Beschäftigung mit den Schichten des Gemüts und Verstands einerseits und dem Geist oder Selbst andererseits, erklärt das folgende Bild recht anschaulich, das ich vor kurzem von meinem Freund C. Deuter hörte, dem berühmten Komponisten von Meditationsmusik.

Psychologie ist wie Möbelrücken. Wir fühlen uns im Haus oder in der Wohnung vielleicht unwohl. Also rücken wir die Möbel hin und her. Aber irgendwann reicht das dann nicht mehr aus. Dann müssen wir hinaus.

Die Bewußtwerdung des Selbst, der spirituelle Prozeß der Selbsterkenntnis, ist wie Aus-dem-Fenster-Schauen oder Aus-dem-Haus-Gehen. Wenn ich die Wohnung verlasse, verändere ich etwas ganz grundlegend. Das ist wie ein geistiger Quantensprung!

Selbstverständlich ist es notwendig, Möbel zu rücken, wenn sie bislang den Ausblick aus den Fenstern verstellt oder den Weg aus der Tür versperrt haben. Also muß ich mich natürlich darum kümmern, daß mir meine psychischen Möbelstücke nicht den Blick auf die größere Welt versagen oder mich daran hindern, nach draußen zu gehen. Wenn die Möbelstücke aber einmal so stehen, daß ich sehe, daß es »draußen« noch etwas viel Größeres gibt, und wenn der Weg zur Tür erst einmal frei gemacht ist, dann sollte ich auch wirklich hinaustreten und mich nicht mehr damit begnügen, weiterhin die Möbel umzustellen.

Wo ist Gott nicht?

Der Seelenquotient in den Mythen der Welt

Guru Nanak, der Begründer der Sikh-Religion, lebte während der indischen Renaissance, einer turbulenten Zeit, wie es heißt. Die islamischen Mogulkaiser suchten ihren Herrschaftsbereich in Indien weiter auszudehnen. Und natürlich gingen sie – wie auch die »christlichen« Herrscher ihrer Zeit weiter im Westen – davon aus, daß ihre eigene Religion die beste, die natürlichste, die göttlichste, also schlicht die einzig wahre sei. Da hieß es für die hinduistisch Gläubigen entweder, den neuen Glauben zu übernehmen oder Nachteile bis hin zur Androhung des Todes zu erleiden.

Aber auch unter den Hindus stand nicht alles zum besten. Das jahrhundertealte Kastensystem zusammen mit einem Brahmanentum, dessen Vertreter sich oft nahezu göttergleich wähnten, hatte zu Unverständnis und Unzufriedenheit, zu Zerwürfnissen und Abtrünnigkeiten geführt.

In diese Welt und Zeit hinein wurde Guru Nanak geboren – und sein Zeitgenosse Kabir. Beide kann man getrost als Reformer bezeichnen. Ihre Bedeutung steht der eines Martin Luther nicht nach – allerdings mit dem Unterschied, daß Kabir und Guru Nanak zwar durchaus verstaubte Bräuche, aufgesetzte Frömmigkeit und religiös verbrämte Unmenschlichkeit anprangerten. Aber sie lehrten mehr als eine neue Religion und eine neue Ethik: Sie zeigten den Menschen, die danach suchten, wie jeder – ganz ohne »Kirche« – Gott in sich selbst finden konnte, auf dem Weg der persönlichen religiösen, mystischen Erfahrung, im Kontakt mit dem inneren Licht.

Wie gesagt, eine turbulente Zeit war das schon. Indes, welche Zeit ist nicht turbulent? Es kommt wohl immer auf die Betrachtungsweise jener Menschen an, die eine Zeit selbst miterleben.

Aber zurück zu Guru Nanak, dem Stifter einer neuen Religion, wie er oft bezeichnet wird. Hat aber jemals ein Gottessohn, ein Prophet oder Weiser eine neue Religion selbst gestiftet? Oder hat er nicht eher ein vorbildliches Leben geführt und vorgelebt, daß es eine innere Beziehung jedes Menschen zu Gott gibt, während erst seine Anhänger aus Verhaltensweisen und Sprüchen eine »richtige Religion« zusammenbauten? Im Christentum hat es ja immerhin mehrere Jahrhunderte gedauert, bis die »Lehre« endlich feststand. Wie fest?

Nun gut, Guru Nanak war ein Meister, ein »Guru«. Die moderne Zeit scheut solche Begriffe. Als ob nicht in Fragen der Ethik und Meditation Menschen ebenso eine Meisterschaft erlangen könnten wie in irgendeinem beliebigen Handwerk oder einer Kunst – und da sprechen wir wie selbstverständlich von »Meistern«. Und was ist ein »Guru«: ein Licht, das die Dunkelheit auflöst – nicht mehr, nicht weniger. Nanak war also einer dieser Lichtbringer, die von Zeit zu Zeit unter uns auftauchen, um uns den eigenen Weg ins Licht zu zeigen.

Eines Tages befand sich Nanak auf einer Pilgerfahrt nach Mekka. Denn obwohl er sich weder als Muslim noch als Hindu im üblichen Sinne fühlte, sondern als Mensch und Gotteskind, achtete er doch stets die Bräuche des Landes, in dem er lebte. So begab er sich eines schönen Tages also auf die Haj, die Pilgerreise nach Mekka, die jeder Muslim nach dem islamischen Glauben zumindest einmal im Leben gemacht haben sollte. Nanak achtete die Bräuche der Hindus gleichermaßen und hatte auch Kashi besucht, den vermeintlich heiligsten Ort Indiens am heiligen Fluß Ganges, der einst Varanasi und später unter den Engländern Benares hieß.

Als er sich nach einem langen, anstrengenden Fußmarsch durch die heißen Landstriche jenes Landes, das heute Pakistan heißt, recht müde fühlte, hielt er nach einem geeigneten Rastplatz Ausschau. Er sah am Rande eines Dorfes einen großen Baum, der wunderbaren Schatten spendete, und ließ sich unter ihm nieder, um zu meditieren.

Als Guru Nanak in die höchsten Regionen des Geistes entschwunden war, sah er aus, als ob er – wohlig an den Baum gelehnt – sanft den Schlaf der Gerechten schlief. Wir wissen nicht, ob sich Nanak mit Shamas aus Täbris und Maulana Rumi am göttlichen Wein berauschte, ob er sich mit dem Propheten Mohammed beriet, Allah möge ihn schützen, oder ob er sich mit Jesus unterhielt, dem Träger der Christuskraft, ob er mit dem Gesetzgeber Moses, mit dem Stammvater Abraham oder anderen Heiligen in den himmlischen Gefilden über das Schicksal der Welt sprach.

Wir wissen nicht, welche Nöte anderer Seelen Guru Nanak in seiner Meditation zu lindern wußte, welchen Seelen er aus welchen Verstrickungen heraushalf. Wir wissen nur – weil diese Geschichte uns eben das überliefert –, daß er unsanft aus seiner Meditation herausgerissen wurde. Um ihn herum standen etliche Bewohner des Dorfes, die ihn mit Fußtritten traktierten. Etwas weiter entfernt standen verschleierte Frauen, die immer wieder laut schrien und wie drohend ihre Fäuste, in denen sie Steine hielten, in die Luft streckten.

Als Nanak wieder bei Sinnen war, hörte er, was die Leute riefen: »Du Unseliger!« – »Welche Schande bringst du über unser Dorf!« – »Wie kannst du solches wagen?«

»Liebe Freunde«, rief Nanak, während seine Peiniger kurz von ihm abließen, »was ist eure Beschwernis? Was ist geschehen?«

»Wie kannst du es wagen«, riefen einige gleichzeitig, »deine elendigen Füße gen Mekka zu strecken, gen jene Richtung, in die wir wahren Muslime nur demütig unseren Kopf im Gebet verneigen?«

»O, jetzt verstehe ich euren Zorn, liebe Freunde, wie schwer habe ich mich versündigt«, erwiderte Nanak, während er seine Hände zum ergebenen Gruß aneinanderlegte, »bitte seid doch so gut, und dreht meine Füße dorthin, wo Gott nicht ist.« ... und wo ist Gott nicht?

TEIL II

Was ist Ihr SQ?

Testmodelle und Auswertungen

Sei, was du scheinen willst!

Sokrates

4. Testen Sie Ihren SQ

Sehen Sie, jedes menschliche Wesen ist ursprünglich – auch wenn man das vergessen oder verdrängen mag – ein Wesen, das danach strebt, Sinn zu finden, der erfüllt wird, oder Menschen zu begegnen, um geliebt zu werden.

Viktor Frankl

Nehmen Sie sich bitte genügend Zeit. Jetzt geht es nur um Sie: um Ihre Gesundheitsintelligenz, Ihre emotionale Intelligenz, Ihre Gedankenkraft und Ihre geistige Bewußtheit. Während dieser im Vergleich zu sonstigen Beschäftigungen (Fernsehen, Kino, Illustrierte lesen, über andere Menschen reden etc.) doch recht kurzen Spanne geht es einmal wirklich nur um Sie und um Ihr Leben. Wie sehen Sie sich selbst? Welche Gefühle und Gedanken hegen Sie? Welche Wünsche bewegen Sie? Was sind Ihre Ziele, Hoffnungen und Visionen?

Sie können Kopien der Fragebogen gern auch zur (kostenlosen) Auswertung einsenden. Wenn Sie einen adressierten und ausreichend frankierten Antwortumschlag beilegen, werden Sie Ihr Ergebnis bald zurückerhalten. Sie können durchaus auch Ihre Anonymität wahren – indem Sie zum Beispiel eine Postlageradresse mit Codewort angeben. Mehr Informationen dazu finden Sie im Anhang.

Natürlich wird es immer unterschiedliche Ansichten dazu geben, was genau der SQ ist, welche Qualitäten ihn bestimmen und wie eine »objektive« Erhebung aussehen wird. *Daß dieser SQ-Fragebogen* – wie alle anderen IQ- und EQ-Fragebogen auch – *keineswegs objektiv sein kann, ist selbstverständlich.* Dies sei an dieser Stelle aber noch einmal betont, damit wirklich keine Mißverständnisse entstehen können.

In diesen Test und seine vielen Fragen sind natürlich gewisse weltanschauliche Wertungen eingeflossen. In der Bewertung (statistisch richtiger: Gewichtung) der einzelnen Fragen drückt sich ebenfalls eine bestimmte Wertung aus. Um Ihre Freude am Test nicht zu beeinträchtigen und Ihre Unvoreingenommenheit möglichst zu schützen, finden Sie weitere Informationen zu den methodischen Ansätzen nicht an dieser Stelle, sondern im Anhang.

Bitte antworten Sie so genau und ehrlich wie möglich. Sie müssen nichts »beweisen«. Wenn Sie nicht genügend Zeit haben, um den ganzen Test auf einmal zu machen, können Sie auch die einzelnen Teile getrennt »absolvieren«. Sie finden deshalb auch eine entsprechende Auswertung für die Einzelteile des Tests.

1. Teil: Gedanken über das Leben

25 Fragen; als Antworten sind möglich:
»ja bzw. immer« – »meistens bzw. häufig« – »manchmal bzw. selten« – »nein bzw. nie« – »das weiß ich nicht«.

	ja, immer	meistens, häufig	manchmal, selten	nein, nie	das weiß ich nicht
1. Spürst du, wohin der Weg deines Lebens führt?	☐	☐	☐	☐	☐
2. Hast du Freude an deinem Leben?	☐	☐	☐	☐	☐
3. Gibt es irgendeine Leidensgeschichte in deinem Leben?	☐	☐	☐	☐	☐
4. Wartest du darauf, daß sich Umstände ändern, damit du Ruhe oder Frieden, Erfolg oder Erfüllung findest?	☐	☐	☐	☐	☐
5. Bist du bereit, dein Gemüt zur Ruhe kommen zu lassen und zu erspüren, ob es etwas jenseits von Gefühlen und Gedanken, Ideen und Vorstellungen gibt?	☐	☐	☐	☐	☐

	ja, immer	meistens, hä g	manchmal, selten	nein, nie	das weiß ich nicht
6. Bist du bereit, ganz im Hier und Jetzt zu sein, ohne dich auf etwas hin- oder von etwas fortzubewegen und ohne etwas bekommen oder etwas loswerden zu wollen?	☐	☐	☐	☐	☐
7. Ich glaube an Gott oder an eine höhere Schöpferkraft.	☐	☐	☐	☐	☐
8. Bist du bereit, ganz du selbst zu sein?	☐	☐	☐	☐	☐
9. Bist du dazu bereit, alle schlechten Gefühle oder Schuldzuweisungen über Menschen oder Situationen völlig loszulassen?	☐	☐	☐	☐	☐
10. Ich denke darüber nach und diskutiere, wo das Bewußtsein vor diesem Leben war und was damit wohl nach dem Tod passiert.	☐	☐	☐	☐	☐
11. Ich vertraue darauf, von oben oder innen geführt und beschützt zu werden.	☐	☐	☐	☐	☐
12. Bist du bereit, alle großen und kleinen Bedürfnisse und Wünsche völlig loszulassen?	☐	☐	☐	☐	☐
13. Weißt du, was du im Leben möchtest?	☐	☐	☐	☐	☐
14. Gibt es irgend etwas, das dich daran hindert?	☐	☐	☐	☐	☐
15. Ich überlege mir, was wohl nach dem Tod kommt.	☐	☐	☐	☐	☐
16. In den letzten drei Jahren habe ich mindestens eine neue Sache gelernt (z. B. ein Hobby, einen Sport, eine Sprache oder Fertigkeit).	☐	☐	☐	☐	☐
17. Ich meine, daß mein Leben einen Sinn hat, auch wenn ich ihn noch nicht klar sehe.	☐	☐	☐	☐	☐

	ja, immer	meistens, häufig	manchmal, selten	nein, nie	das weiß ich nicht
18. Auf meinem Lebensweg bin ich letztlich mit Gott allein.	☐	☐	☐	☐	☐
19. Ich habe fünf oder mehr spirituelle Bücher gelesen.	☐	☐	☐	☐	☐
20. Die Naturwissenschaften haben alle Antworten oder werden sie bald haben.	☐	☐	☐	☐	☐
21. Ich lebe bewußt und nutze meine Lebenszeit.	☐	☐	☐	☐	☐
22. Ich hänge gern meinen Gedanken über schöne Erlebnisse in der Vergangenheit nach.	☐	☐	☐	☐	☐
23. Ich halte mich für zielstrebig.	☐	☐	☐	☐	☐
24. Ich halte mich für ordentlich und genau.	☐	☐	☐	☐	☐
25. Ich kann gut verzeihen.	☐	☐	☐	☐	☐

Ermittlung des Testergebnisses
1. Teil: Gedanken über das Leben

Frage	ja, immer	meistens, häufig	manchmal, selten	nein, nie	das weiß ich nicht
1	0	+4	+3	+1	–1
2	+5	+5	+2	0	0
3	0	+1	+5	–2	+2
4	–3	–1	+1	+3	0
5	+4	+5	+3	–2	–1
6	+4	+5	+3	–1	0
7	+5	+4	+3	0	–1
8	+5	+4	+3	0	+1
9	+5	+4	+1	–3	0
10	+3	+5	+4	–1	0
11	+5	+4	+2	0	+1
12	+3	+4	+2	–2	0
13	+3	+4	+1	–1	–2
14	–3	–2	+2	–1	0
15	+4	+5	+3	–2	0
16	+5	entfällt	entfällt	–2	0
17	+5	+3	+1	–4	–2
18	+5	+4	+3	+3	0
19	+5	entfällt	entfällt	0	–2
20	–4	entfällt	entfällt	+4	+2
21	+5	+5	+3	–2	–2
22	–3	–1	+1	+3	–2
23	+2	+4	+1	–2	0
24	+3	+5	+2	–2	–1
25	+5	+4	+2	–2	0

Meine Gesamtpunktzahl im 1. Teil ist = ☐

Auswertung des Testergebnisses: 1. Teil

- Minuspunkte: Unbewußtheit
- 0–33 Punkte: Der Traum
  Müssen oder wollen Sie erst durch Leiden aufwachen?
- 33–56 Punkte: Das Erwachen
  Hier ist ein Entwicklungsschub notwendig und möglich.
- 56–79 Punkte: Auf dem Weg
  Zeigen Sie ruhig mehr Engagement!
- 79–101 Punkte: Der Fortschritt
  Sehr gut, aber Sie können sogar noch weiter gehen!
- 101–113 Punkte: Das Vorbild
  Sie brauchen sicher keine großen Erklärungen.
- 5 oder mehr »Das weiß ich nicht«: Unklarheit

Die ausführlichen Texte zu den einzelnen Gruppen finden Sie ab Seite 101.

2. Teil: So sehe ich mich selbst

51 Fragen; als Antworten sind möglich: »ja, stimmt praktisch immer« – »oft, häufig« – »selten, manchmal« – »nein, nie« – »das weiß ich nicht«.

	ja, stimmt praktisch immer	oft, häufig	selten, manchmal	nein, nie	das weiß ich nicht
1. Ich achte auf meine Körperhaltung.	☐	☐	☐	☐	☐
2. Ich habe einen guten Freund.	☐	☐	☐	☐	☐
3. Ich lebe bewußt.	☐	☐	☐	☐	☐
4. Ich muß mich häufig über andere ärgern.	☐	☐	☐	☐	☐
5. Ich schlafe gut.	☐	☐	☐	☐	☐
6. Ich habe schwere Krisen hinter mir (gesundheitlich o. ä.).	☐	☐	☐	☐	☐
7. Ich sage Menschen etwas Liebes, Aufmunterndes.	☐	☐	☐	☐	☐
8. Ich esse vegetarisch.	☐	☐	☐	☐	☐
9. Ich nehme Psychodrogen, um mein Bewußtsein zu erweitern.	☐	☐	☐	☐	☐
10. Ich trinke Alkohol.	☐	☐	☐	☐	☐
11. Ich rauche.	☐	☐	☐	☐	☐
12. Wenn jemand leidet, bete ich für ihn/sie.	☐	☐	☐	☐	☐
13. Ich atme natürlich und gut.	☐	☐	☐	☐	☐
14. Ich engagiere mich für gemeinschaftliche soziale, kulturelle oder ökologische Belange.	☐	☐	☐	☐	☐

	ja, stimmt praktisch immer	oft, häufig	selten, manchmal	nein, nie	das weiß ich nicht
15. Ich bekomme gut Luft.	☐	☐	☐	☐	☐
16. Ich freue mich über nette Worte.	☐	☐	☐	☐	☐
17. Ich halte die Ansicht, daß Seelen in verschiedenen Körpern immer wieder reinkarnieren, für eine gute Erklärung dafür, was vor der Geburt und nach dem Tod passiert.	☐	☐	☐	☐	☐
18. Wenn jemand krank ist, versuche ich zu helfen.	☐	☐	☐	☐	☐
19. Ich meditiere jeden Tag.					
20. Ich danke jeden Tag dafür, daß ich lebe.	☐	☐	☐	☐	☐
21. Ich habe einen spirituellen Mentor bzw. Lehrer.	☐	☐	☐	☐	☐
22. Ich spreche offen über Spiritualität.	☐	☐	☐	☐	☐
23. Ich bin für einen anderen ein guter Freund.	☐	☐	☐	☐	☐
24. Ich spüre in anderen die Schöpferkraft und verhalte mich dementsprechend.	☐	☐	☐	☐	☐
25. Ich weine.	☐	☐	☐	☐	☐
26. Ich danke dafür, einen menschlichen Körper zu haben.	☐	☐	☐	☐	☐
27. Ich habe Vorahnungen von wichtigen Ereignissen.	☐	☐	☐	☐	☐
28. Ich spüre, daß es eine höhere, unerschöpfliche Kraftquelle gibt.	☐	☐	☐	☐	☐

	ja, stimmt praktisch immer	oft, häufig	selten, manchmal	nein, nie	das weiß ich nicht
29. Ich denke darüber nach, wie ich ethisch leben und mich moralisch richtig verhalten kann.	☐	☐	☐	☐	☐
30. Ich mache regelmäßig Yoga, Entspannungsübungen oder eine andere Form ganzheitlicher Übungen.	☐	☐	☐	☐	☐
31. Ich benutze Atemtechniken, autogenes Training oder andere Methoden, um akuten Streß abzubauen.	☐	☐	☐	☐	☐
32. Ich glaube an Wunder.	☐	☐	☐	☐	☐
33. Mir ist es peinlich, wenn ich nach meinem Glauben gefragt werde.	☐	☐	☐	☐	☐
34. Ich habe Erfolg im Leben.	☐	☐	☐	☐	☐
35. Wenn ich an jemanden denke, meldet er/sie sich häufig kurz danach.	☐	☐	☐	☐	☐
36. Ich bete, wenn ich fühle, daß ich Hilfe brauche.	☐	☐	☐	☐	☐
37. Ich tausche mich mit Freunden oder Bekannten über geistige Fragen aus.	☐	☐	☐	☐	☐
38. Ich bin in einer religiösen Familie aufgewachsen, die mir eigene freie Erfahrungen möglich gemacht hat.	☐	☐	☐	☐	☐
39. Ich nehme mindestens einmal im Jahr an einem Selbsterfahrungskurs teil.	☐	☐	☐	☐	☐
40. Ich gehe zum Gottesdienst.	☐	☐	☐	☐	☐
41. Mein Körper macht mir Spaß.	☐	☐	☐	☐	☐
42. Ich denke über den Glauben in den Religionen nach.	☐	☐	☐	☐	☐
43. Ich messe andere an meinen moralischen Prinzipien.	☐	☐	☐	☐	☐

	ja, stimmt praktisch immer	oft, häufig	selten, manchmal	nein, nie	das weiß ich nicht
44. Ich bin mit meiner Gesundheit zufrieden.	☐	☐	☐	☐	☐
45. Ich habe außerkörperliche Erfahrungen.	☐	☐	☐	☐	☐
46. Ich glaube, daß alles, was im Leben passiert, Ursachen hat und einen Sinn.	☐	☐	☐	☐	☐
47. Ich geniere mich, wenn ich mich bei einem Film, einer Musik oder einer rührenden Nachricht zum Weinen fühle.	☐	☐	☐	☐	☐
48. Ich habe nie genug Zeit.	☐	☐	☐	☐	☐
49. Ich habe immer genug Geld.	☐	☐	☐	☐	☐
50. Ich finde Erfüllung im Leben.	☐	☐	☐	☐	☐
51. Ich träume Dinge, die dann passieren.	☐	☐	☐	☐	☐

Ermittlung des Testergebnisses
2. Teil: So sehe ich mich selbst

Frage	ja, stimmt immer	oft, häufig	selten, manchmal	nein, nie	das weiß ich nicht
1	+5	+4	+2	+1	–1
2	+5	+4	+2	–1	+1
3	+4	+5	+2	0	–1
4	–4	–3	+3	+5	0
5	+5	+3	+1	–2	0
6	+4	entfällt	entfällt	0	+2
7	+5	+4	+2	–2	–1
8	+5	+3	+1	–3	–1
9	–5	–4	–3	+3	–2
10	–4	–3	–1	+2	–2
11	–3	–2	–1	+2	–2
12	+5	+4	+2	0	–1
13	+5	+4	+1	0	–1
14	+4	+5	+2	–2	0
15	+3	+2	+1	0	–1
16	+5	+4	0	–2	–1
17	+4	entfällt	entfällt	0	+2
18	+5	+4	0	–4	–2
19	+5	+4	+2	–2	–1
20	+5	+4	+3	–2	0
21	+4	+2	+1	–1	0
22	+5	+4	+2	–2	–1
23	+5	+4	+3	–3	+1
24	+5	+4	+3	–3	0
25	0	+2	+4	0	–2
26	+5	+4	+3	–3	–1
27	+2	+5	+3	0	0
28	+5	+4	+3	0	+1
29	+5	+4	+3	–3	0
30	+5	+4	+2	0	0

Frage	ja, stimmt immer	oft, häufig	selten, manchmal	nein, nie	das weiß ich nicht
31	+5	+4	+3	–1	0
32	+2	+3	+4	–1	0
33	–2	–1	+2	+4	+1
34	+4	+5	+2	0	+1
35	+3	+5	+3	0	0
36	+5	+4	+2	0	0
37	+5	+4	+3	–2	0
38	+3	entfällt	entfällt	–1	0
39	+4	entfällt	entfällt	–2	0
40	+3	+2	+1	0	–1
41	+5	+4	+2	–2	–1
42	+4	+3	+1	–1	0
43	–4	–3	+3	+2	0
44	+5	+4	+1	–2	+1
45	+5	+4	+3	0	+1
46	+3	+4	+1	–2	+2
47	–4	–3	+2	+3	0
48	–4	–3	+2	+3	+1
49	+4	+3	+2	–2	+1
50	+5	+4	+2	–2	0
51	+3	+5	+4	0	–1

Meine Gesamtpunktzahl im 2. Teil ist = ☐

Auswertung des Testergebnisses: 2. Teil

- Minuspunkte: Unbewußtheit
- 0–67 Punkte: Der Traum
  Müssen oder wollen Sie erst durch Leiden aufwachen?
- 67–112 Punkte: Das Erwachen
  Hier ist ein Entwicklungsschub notwendig und möglich.
- 112–157 Punkte: Auf dem Weg
  Zeigen Sie ruhig mehr Engagement!
- 157–202 Punkte: Der Fortschritt
  Sehr gut, aber Sie können sogar noch weiter gehen!
- 202–225 Punkte: Das Vorbild
  Sie brauchen sicher keine großen Erklärungen.
- 10 oder mehr »Das weiß ich nicht«: Unklarheit

Die ausführlichen Texte zu den einzelnen Gruppen finden Sie ab Seite 101.

3. Teil:
So sind spirituelle Menschen

53 Fragen; als Antworten sind möglich:
»sehr wichtig« – »wichtig« – »nicht so wichtig« – »völlig unwichtig« – »das weiß ich nicht«.

Spirituell ist ein Mensch, wenn er:

	sehr wichtig	wichtig	nicht so wichtig	völlig unwichtig	das weiß ich nicht
1. … häufig über Religion spricht.	☐	☐	☐	☐	☐
2. … beim Recycling mitmacht.	☐	☐	☐	☐	☐
3. … sensibel ist.	☐	☐	☐	☐	☐
4. … regelmäßig den Gottesdienst besucht.	☐	☐	☐	☐	☐
5. … sich durchzusetzen weiß.	☐	☐	☐	☐	☐
6. … oft betet.	☐	☐	☐	☐	☐
7. … Jenseitskontakte sucht.	☐	☐	☐	☐	☐
8. … an Reinkarnation glaubt.	☐	☐	☐	☐	☐
9. … die Wahrheit spricht.	☐	☐	☐	☐	☐
10. … das Gesetz von Ursache und Wirkung, das Karma-Gesetz, für möglich hält.	☐	☐	☐	☐	☐
11. … geduldig zuhören kann.	☐	☐	☐	☐	☐
12. … an ein Weiterleben nach dem Tode glaubt.	☐	☐	☐	☐	☐
13. … Visionen hat.	☐	☐	☐	☐	☐
14. … Zeit für andere Menschen aufwendet.	☐	☐	☐	☐	☐
15. … ernst ist.	☐	☐	☐	☐	☐

	sehr wichtig	wichtig	nicht so wichtig	völlig unwichtig	das weiß ich nicht
16. … für soziale Zwecke spendet.	☐	☐	☐	☐	☐
17. … Yoga macht.	☐	☐	☐	☐	☐
18. … idealistisch ist.	☐	☐	☐	☐	☐
19. … durch große Lebenskrisen gegangen ist (Todesfall, Krankheit, Unfall, Alkoholismus, Drogensucht o. ä.) und sich wieder hat aufrappeln können.	☐	☐	☐	☐	☐
20. … nicht aggressiv ist.	☐	☐	☐	☐	☐
21. … einen echten Lehrer sucht.	☐	☐	☐	☐	☐
22. … gern seinen Träumen nachhängt.	☐	☐	☐	☐	☐
23. … an einer Wahrheit festhält.	☐	☐	☐	☐	☐
24. … anderen Menschen gern hilft.	☐	☐	☐	☐	☐
25. … an Esoterik Interesse hat.	☐	☐	☐	☐	☐
26. … mitfühlend und einfühlsam ist.	☐	☐	☐	☐	☐
27. … mit Psychosubstanzen Erfahrungen macht.	☐	☐	☐	☐	☐
28. … Sinn für Schönheit hat.	☐	☐	☐	☐	☐
29. … an Selbsterfahrungskursen teilnimmt.	☐	☐	☐	☐	☐
30. … täglich meditiert.	☐	☐	☐	☐	☐
31. … Kinder mag.	☐	☐	☐	☐	☐
32. … geistige Themen diskutiert.	☐	☐	☐	☐	☐
33. … ein ethisches Leben führt.	☐	☐	☐	☐	☐
34. … kreativ ist.	☐	☐	☐	☐	☐
35. … Sinn für Ordnung hat.	☐	☐	☐	☐	☐
36. … anpassungsfähig ist.	☐	☐	☐	☐	☐
37. … sich vegetarisch ernährt.	☐	☐	☐	☐	☐

	sehr wichtig	wichtig	nicht so wichtig	völlig unwichtig	das weiß ich nicht
38. … tierliebend ist.	☐	☐	☐	☐	☐
39. … sich mit PSI (außersinnlichen Erfahrungen) und Magie beschäftigt.	☐	☐	☐	☐	☐
40. … die Massenmedien viel nutzt.	☐	☐	☐	☐	☐
41. … beherrscht ist.	☐	☐	☐	☐	☐
42. … Sinn für gegenständliche Kunst hat.	☐	☐	☐	☐	☐
43. … sich für ältere Menschen interessiert.	☐	☐	☐	☐	☐
44. … geistige Bücher liest.	☐	☐	☐	☐	☐
45. … kritisch bzw. skeptisch ist.	☐	☐	☐	☐	☐
46. … moderne abstrakte Kunst als spirituellen Ausdruck schätzt.	☐	☐	☐	☐	☐
47. … wenig Fernsehen sieht.	☐	☐	☐	☐	☐
48. … bei Meinungsverschiedenheiten vermittelt.	☐	☐	☐	☐	☐
49. … Sinn für die Natur hat.	☐	☐	☐	☐	☐
50. … in sich ruht.	☐	☐	☐	☐	☐
51. … an Engel glaubt.	☐	☐	☐	☐	☐
52. … Streit vermeidet.	☐	☐	☐	☐	☐
53. … mit übersinnlichen, medialen bzw. magischen Kräften arbeitet.	☐	☐	☐	☐	☐

Ermittlung des Testergebnisses
3. Teil: So sind spirituelle Menschen

Frage	sehr wichtig	wichtig	nicht so wichtig	völlig unwichtig	das weiß ich nicht
1	+2	+4	+1	–2	0
2	+3	+4	0	–2	–1
3	+4	+3	–1	–2	+1
4	+1	+2	+3	–1	+1
5	–2	+1	+4	+2	0
6	+3	+4	+1	–1	0
7	0	+1	+2	–1	0
8	+2	+3	+2	0	+1
9	+5	+4	0	–3	–1
10	+5	+4	0	–3	0
11	+5	+4	0	–1	+1
12	+5	+4	+2	–1	0
13	+1	+2	+3	0	+1
14	+6	+4	0	–3	–1
15	–2	–1	+3	+1	0
16	+3	+4	+2	–2	+1
17	+1	+3	+2	–2	0
18	+3	+4	0	–1	+1
19	+5	+4	+1	–2	0
20	+5	+4	0	–2	–1
21	+5	+4	0	–1	+1
22	–2	–1	+2	+1	0
23	+3	+4	+2	+1	0
24	+6	+4	0	–2	–1
25	+2	+3	+1	–1	0
26	+5	+4	0	–2	–1
27	–3	–2	+1	+3	0
28	+3	+5	+2	–1	+1
29	+4	+5	0	–2	–1
30	+6	+5	0	–2	–1

Frage	sehr wichtig	wichtig	nicht so wichtig	völlig unwichtig	das weiß ich nicht
31	+6	+5	+2	−2	0
32	+3	+4	+2	−1	0
33	+6	+5	0	−2	−1
34	+2	+4	+2	0	0
35	+3	+4	+2	−1	0
36	+4	+5	+3	0	+1
37	+6	+5	0	−2	−1
38	+4	+5	+2	−1	0
39	−2	−1	+3	+2	0
40	−4	−3	+2	+4	+1
41	+5	+4	+1	−1	0
42	+2	+3	+2	0	+1
43	+4	+5	+1	−2	−1
44	+3	+4	+1	0	0
45	+2	+3	+4	+1	0
46	−1	0	+2	+3	+1
47	+5	+4	0	−1	0
48	+5	+4	+1	−1	0
49	+3	+4	+1	−1	0
50	+5	+4	+2	−1	+1
51	+1	+2	+3	0	+2
52	+5	+4	0	−1	+1
53	−2	−1	+2	+3	+1

Meine Gesamtpunktzahl im 3. Teil ist = ☐

Auswertung des Testergebnisses: 3. Teil

- Minuspunkte: Unbewußtheit
- 0–67 Punkte: Der Traum
  Müssen oder wollen Sie erst durch Leiden aufwachen?
- 67–112 Punkte: Das Erwachen
  Hier ist ein Entwicklungsschub notwendig und möglich.
- 112–157 Punkte: Auf dem Weg
  Zeigen Sie ruhig mehr Engagement!
- 157–202 Punkte: Der Fortschritt
  Sehr gut, aber Sie können sogar noch weiter gehen!
- 202–226 Punkte: Das Vorbild
  Sie brauchen sicher keine großen Erklärungen.
- 11 oder mehr »Das weiß ich nicht«: Unklarheit

Die ausführlichen Texte zu den einzelnen Gruppen finden Sie ab Seite 101.

4. Teil:
Vier Wege im Leben

10 Fragen; als Antworten sind möglich: »Ich muß mich zuerst um mich selbst kümmern« – »ich sorge für einen gerechten Ausgleich« – »am liebsten gebe ich (oder gebe ich nach), bzw. ich helfe« – »ich bitte um Führung von oben« – »das weiß ich nicht«.

	ich zuerst	Ausgleich	(nach-) geben	Führung	weiß nicht
1. Über die Zukunft denke ich so …	☐	☐	☐	☐	☐
2. Meine Einstellung zu Geld ist …	☐	☐	☐	☐	☐
3. Bei Meinungsverschiedenheiten in der Partnerschaft reagiere ich meistens so …	☐	☐	☐	☐	☐
4. Für den Beruf gilt für mich …	☐	☐	☐	☐	☐
5. In der Gesundheit achte ich auf folgendes …	☐	☐	☐	☐	☐
6. Auf meinem geistigen Weg gilt für mich …	☐	☐	☐	☐	☐
7. In einer Notlage handle ich meistens so …	☐	☐	☐	☐	☐
8. In der Familie gehen wir gewöhnlich so vor …	☐	☐	☐	☐	☐
9. Da das Leben letztlich rätselhaft ist, handle ich so …	☐	☐	☐	☐	☐
10. Wenn ich krank bin oder ein nahestehender Mensch krank ist, dann verhalte ich mich meistens so …	☐	☐	☐	☐	☐

Ermittlung des Testergebnisses
4. Teil: Vier Wege im Leben

Frage	ich zuerst	Ausgleich	(nach-) geben	Führung	weiß nicht
1	+2	+4	+5	+5	+1
2	0	+2	+3	+3	0
3	–2	+2	+4	+4	–1
4	+3	+5	+4	+3	–1
5	+4	entfällt	+4	+3	–2
6	+2	+4	+3	+5	0
7	–2	0	+3	+4	+1
8	–2	+2	+4	+4	0
9	–2	+2	+4	+5	+2
10	–2	0	+4	+4	0

Meine Gesamtpunktzahl im 4. Teil ist = ☐

Die Auswertung erfolgt zusammen mit dem 5. Teil, weil diese beiden Teile im Vergleich zu den anderen weniger Fragen enthalten und auch weniger Punkte ergeben.

5. Teil: Farben und Formen der Seele

Vergegenwärtigen Sie sich bitte die genannten Farben und schauen Sie sich die hier abgebildeten Formen an.

Farben:

- Magenta (Pink)
- Rot
- Orange
- Gelb
- Grün
- Türkis
- Blau
- Violett
- Schwarz
- Weiß
- Gold
- Silber
- Braun
- Grau

Formen (in Varianten):

- Punkt •
- Linie —
- Kreis ○
- Dreieck △
- Quadrat □
- Fünfeck ⌂
- Stern ☆
- Spirale 
- Wellen ≈
- Pfeile 
- Fontäne ♈
- Sonne ☼
- Mond ☽
- Einzeller 
- Schale ∪

Beantworten Sie nun bitte die folgenden Fragen:

1a. Welche Farbe mögen Sie am liebsten? ....
1b. Welche Farbe mögen Sie überhaupt nicht? ....
2a. Welche Form mögen Sie am liebsten? ....
2b. Welche Form mögen Sie überhaupt nicht? ....
3a. Welche Farbe kennzeichnet einen bewußten Menschen? ....
3b. Welche Form kennzeichnet einen bewußten Menschen? ....
4a. Welche Farbe kennzeichnet eine erwachte Seele? ....
4b. Welche Form kennzeichnet eine erwachte Seele? ....

Nun wählen Sie jeweils eine Farbe und eine Form für eine der drei Zeitspannen Ihres Lebens aus, für Vergangenheit, Gegenwart und Zukunft.

5a. Meine Vergangenheit hat die Farbe ....
5b. ... und die Form ....
6a. Meine Gegenwart hat die Farbe ....
6b. ... und die Form ....
7a. Meine Zukunft sehe ich aus der heutigen Sicht mit der Farbe ....
7b. ... und der Form ....

Im siebten Kapitel ab Seite 124 finden Sie eine Übung zu Farben und Formen der Seele, bei der Sie nicht auf die hier vorgegebenen Farben und Formen begrenzt sind.

Ermittlung des Testergebnisses
5. Teil: Farben und Formen der Seele

Frage	+5	+4	+3	+2	+1	+0	–1	–2
1a	Gold, Weiß, Silber	Magenta, Blau, Gelb	Orange, Tütkis, Violett	Rot, Grün	Braun	Grau, Schwarz	entfällt	entfällt
1b	entfällt	entfällt	entfällt	Braun, Grau, Schwarz	Rot, Violett	Orange, Türkis, Grün	Magenta, Blau, Gelb	Gold, Weiß, Silber
2a	Fontäne, Stern, Spirale	Fünfeck, Kreis, Wellen	Einzeller, Schale	Dreieck, Sonne, Mond	Punkt, Linie	Quadrat, Pfeile	entfällt	entfällt
2b	entfällt	entfällt	entfällt	entfällt	Quadrat, Pfeile, Linie	Fünfeck, Dreieck, Sonne, Mond, Punkt, Schale	Fontäne, Kreis, Wellen	Einzeller, Spirale, Stern
3a	Gold, Weiß, Silber, Magenta	Blau, Gelb, Türkis, Violett	entfällt	Rot, Grün, Orange	entfällt	entfällt	Braun, Grau	Schwarz
3b	Fontäne, Stern, Kreis, Spirale	Wellen, Sonne, Einzeller	Pfeile, Fünfeck, Dreieck	Quadrat, Mond, Schale, Punkt	Linie	entfällt	entfällt	entfällt
4a	Gold, Weiß, Silber	Magenta	Blau, Türkis	Gelb, Orange, Violett	Rot	Braun	Grau	Schwarz
4b	Sonne, Stern	Kreis, Spirale	Punkt, Einzeller	Fünfeck, Fontäne	Dreieck, Schale	Mond	Pfeile, Quadrat	Linie
5a	Gold, Weiß, Silber	Gelb, Blau, Türkis	Magenta, Orange	Rot, Grün, Violett	Braun	entfällt	Grau	Schwarz
5b	Spirale, Fontäne	Wellen, Schale	Einzeller, Kreis, Stern	Fünfeck, Sonne	Dreieck, Mond, Linie	Pfeile, Punkt	Quadrat	entfällt

Frage	+5	+4	+3	+2	+1	+0	–1	–2
6a	Gold, Weiß, Silber	Magenta, Orange, Türkis	Blau, Gelb, Rot	Grün, Violett	Braun	Grau, Schwarz	entfällt	entfällt
6b	Spirale, Fontäne, Stern	Einzeller, Fünfeck, Sonne	Wellen, Kreis, Schale, Dreieck	Mond, Pfeile	Punkt, Linie, Quadrat	entfällt	entfällt	entfällt
7a	Gold, Weiß, Silber	Orange, Magenta	Gelb, Rot, Blau, Türkis	entfällt	entfällt	entfällt	Braun, Grau	Schwarz
7b	Fontäne	Spirale, Einzeller, Stern	Schale, Sonne	Wellen, Fünfeck, Kreis, Dreieck	Mond, Punkt	Pfeile	Linie	Quadrat

Meine Gesamtpunktzahl im 5. Teil ist = ☐

Auswertung des Testergebnisses: 4. und 5. Teil:

- Minuspunkte: Unbewußtheit
- 0–31 Punkte: Der Traum
  Müssen oder wollen Sie erst durch Leiden aufwachen?
- 31–53 Punkte: Das Erwachen
  Hier ist ein Entwicklungsschub notwendig und möglich.
- 53–74 Punkte: Auf dem Weg
  Zeigen Sie ruhig mehr Engagement!
- 74–95 Punkte: Der Fortschritt
  Sehr gut, aber Sie können sogar noch weiter gehen!
- 95–106 Punkte: Das Vorbild
  Sie brauchen sicher keine großen Erklärungen.
- 3 oder mehr »Das weiß ich nicht«: Unklarheit

Die ausführlichen Texte zu den einzelnen Gruppen finden Sie ab Seite 101.

6. Teil: Begriffspaare im Vergleich

27 Fragen; als Antworten sind möglich: »ja« – »nein« – »das weiß ich nicht« – »das hat mit der Frage nichts zu tun«.

Ein spiritueller Mensch:	ja	nein	weiß nicht	hat nichts mit Frage zu tun
1. … ist eher introvertiert als extrovertiert.	☐	☐	☐	☐
2. … findet Esoterik wichtiger als Erotik.	☐	☐	☐	☐
3. … denkt mehr über das Leben nach als über Geld.	☐	☐	☐	☐
4. … gibt lieber einmal weniger am richtigen als einmal zuviel am falschen Ort nach.	☐	☐	☐	☐
5. … praktiziert Tierliebe eher durch vegetarische Ernährung als mit Spenden ans Tierschutzheim oder dadurch, daß er/sie ein Haustier hält.	☐	☐	☐	☐
6. … ist mehr an Esoterik als an Tanzen interessiert.	☐	☐	☐	☐
7. … hat mehr Angst vor Schmerzen als vor dem Sterben.	☐	☐	☐	☐
8. … macht sich weniger Sorgen über das Leben als andere Menschen.	☐	☐	☐	☐
9. … verfügt über mehr mediale Kräfte als andere.	☐	☐	☐	☐
10. … beschäftigt sich mehr mit dem Tod und dem Jenseits als andere.	☐	☐	☐	☐

	ja	nein	weiß nicht	hat nichts mit Frage zu tun
11. … wird in Krisensituationen nervöser als andere.	☐	☐	☐	☐
12. … hat mehr Liebe als andere Menschen.	☐	☐	☐	☐
13. … achtet mehr auf seine Gesundheit als auf seinen Ruf.	☐	☐	☐	☐
14. … möchte es lieber allen recht machen, als unbeliebt zu sein.	☐	☐	☐	☐
15. … spricht mehr von seinen Gefühlen als andere.	☐	☐	☐	☐
16. … ist sensibler und ist deshalb leichter aus der Ruhe zu bringen als andere.	☐	☐	☐	☐
17. … nimmt mehr Anteil am Schicksal seiner Mitmenschen als der Durchschnitt.	☐	☐	☐	☐
18. … sucht intensiver nach Sinn und Erfüllung als andere.	☐	☐	☐	☐
19. … ist häufiger unter größerem Zeitdruck als andere, weil er so viel schaffen möchte oder muß.	☐	☐	☐	☐
20. … interessiert sich mehr für Psychologie als der Durchschnitt.	☐	☐	☐	☐
21. … hat eine friedlichere Ausstrahlung als andere.	☐	☐	☐	☐
22. … betet oder meditiert mehr als andere Menschen.	☐	☐	☐	☐
23. … hat überwiegend positive Gedanken.	☐	☐	☐	☐
24. … tötet Mücken und Fliegen ohne große Bedenken.	☐	☐	☐	☐

	ja	nein	weiß nicht	hat nichts mit Frage zu tun
25. … sucht sich bewußt die Menschen aus, deren Gesellschaft er pflegt.	☐	☐	☐	☐
26. … nimmt regelmäßig an Meditations-treffen teil.	☐	☐	☐	☐
27. … hat nichts dagegen, Filme anzusehen (im Fernsehen, im Kino), die Gewalt zeigen.	☐	☐	☐	☐

Ermittlung des Testergebnisses
6. Teil: Begriffspaare im Vergleich

Frage	Ja	Nein	weiß nicht	hat nichts mit Frage zu tun
1	–1	–1	0	+2
2	+2	+2	0	+4
3	+4	–1	0	–2
4	–2	+4	0	–1
5	+4	0	+1	–1
6	0	+2	0	+1
7	+3	+1	+2	–2
8	+4	+2	0	–1
9	–2	+2	0	–1
10	+4	–2	–0	–1
11	–2	+3	0	–1
12	+4	–2	–1	–2
13	+4	–1	0	–2
14	0	+2	+1	0
15	0	+1	+2	+3
16	–1	+2	+1	0
17	+4	–2	–1	–2
18	+4	–2	0	–1
19	–2	+2	0	–1
20	+3	–1	0	0
21	+4	–2	–1	–2
22	+4	–2	–1	–2
23	–4	+4	–2	–3
24	–4	+4	–2	–3
25	+4	–4	0	–1
26	+4	–3	–1	–2
27	–4	+4	–1	–2

Meine Gesamtpunktzahl im 6. Teil ist = ☐

Auswertung des Testergebnisses: 6. Teil

- Minuspunkte: Unbewußtheit
- 0–27 Punkte: Der Traum
  Müssen oder wollen Sie erst durch Leiden aufwachen?
- 27–46 Punkte: Das Erwachen
  Hier ist ein Entwicklungsschub notwendig und möglich.
- 46–64 Punkte: Auf dem Weg
  Zeigen Sie ruhig mehr Engagement!
- 64–82 Punkte: Der Fortschritt
  Sehr gut, aber Sie können sogar noch weiter gehen!
- 82–92 Punkte: Das Vorbild
  Sie brauchen sicher keine großen Erklärungen.

Die ausführlichen Texte zu den einzelnen Gruppen finden Sie ab Seite 101.

Gesamtauswertung Teile 1 bis 6

1. Teil: Punkte ______________________

2. Teil: Punkte ______________________

3. Teil: Punkte ______________________

4. Teil: Punkte ______________________

5. Teil: Punkte ______________________

6. Teil: Punkte ______________________

Summe = Punkte ______________________

Wenn Sie den Test an einem Stück gemacht haben und in der Summe aller sechs Teile weniger als 380 Punkte erreichen, dürfen Sie sich einen Bonus von 20 Punkten für besonderen Einsatz, vorbildliche Geduld und zielstrebige Beharrlichkeit hinzurechnen.

Jetzt haben wir alle uns aber erst einmal eine geistige Pause verdient, in der ich Ihnen eine hübsche kleine Geschichte erzählen möchte, bevor wir uns die Ergebnisse ansehen.

Der König, der Priester und die Tochter

Der Seelenquotient in den Mythen der Welt

Es war einmal ... so fangen ja viele gute Geschichten nun einmal an. Aber in Wahrheit waren es sicher schon viele Male, nicht einmal – das ist aber eine andere Geschichte, die zu spitzfindig wäre und uns nur Kopfzerbrechen bereiten würde.

Also, es war einmal ein König, der sehr darauf achtete, daß es in seinem Reich ordentlich zuging. Er sorgte sich um das Wohlergehen seiner Untertanen, ließ sich regelmäßig berichten, was im Lande so passierte, und mischte sich selbst dann und wann an Markttagen in geeigneter Verkleidung unter die Menschen, um direkt von ihnen zu erfahren, ob sie irgendwo der sprichwörtliche Schuh drückte und er nach besseren »Regierungsschustern« Ausschau halten müßte. Dieser König sorgte sich um die geistliche Erbauung und ließ von seinen Priestern regelmäßige Gottesdienste abhalten. Leider ist uns nicht überliefert worden, welche Religion in diesem Königreich gepflegt wurde, noch nicht einmal seinen Namen kennen wir. Daß die Geschichte sich dennoch so und nicht anders zugetragen hat, davon sind wir indes ganz überzeugt.

Nun denn, eines Tages rief der König seinen Oberpriester zu einer Privataudienz zu sich. Dieser überlegte fieberhaft, was denn vorgefallen sein könnte, daß der König ihn so unvermutet rufen ließ. Es fiel ihm aber nicht mehr ein, als daß beim letzten Gottesdienst in der Hauptstadt eine Frau in den großen Tempel gewankt war und gerufen hatte: »Gott ist überall, was sucht ihr ihn denn in diesen toten Mauern.« Aber sie war rasch hinausgeführt worden und hatte sich draußen wieder beruhigt.

Der Oberpriester stand also mit einem eigentlich ganz ruhigen Gewissen vor seinem König, der das Gespräch mit einer kleinen Verbeugung aufnahm. (Nicht nur ist Pünktlichkeit die Höflichkeit der Könige, sondern auch daß Herrscher sich vor ihren Untertanen – und sei es nur formhalber – verneigen, ist ein Zeichen des gesitteten Umgangs.)

»Lieber Oberpriester, du sprichst doch in deinen Predigten so oft von Gott, und daß wir alle uns zu Gott bekennen und ihm in unserem Leben den gebührenden Platz einräumen sollten, nicht wahr?«

»Wahrlich, höchster, gnadenreicher König, so ist es. Das ist es, was wir alle tun sollten.«

»Und du und deine Priester sprechen davon, daß ihr die Vermittler der Worte Gottes seid und eine besondere Beziehung mit ihm pflegt, nicht wahr?«

»Wahrlich, huldvoller König, das ist, was unsere Religion uns lehrt, so ist es in der Tat.«

»Nun gut, da ihr also Umgang mit Gott pflegt, da ihr ihn und sein Wort zu kennen scheint, fordere ich dich auf, den Beweis dafür anzutreten. Ich gebe dir eine Woche Zeit, auch mich – der ich ja schließlich dein von Gott eingesetzter König bin, wie ihr es in den Tempeln verkündet – in die Gegenwart Gottes zu bringen. Wenn du dies innerhalb einer Woche nicht zuwege gebracht hast, hat sich die Religion, die du verkündest, als Lug und Trug erwiesen, und du hast dein irdisches Leben verwirkt und magst dich am jenseitigen Leben – von dem ihr ebensoviel berichtet – erfreuen, wenn auch vielleicht eher, als du es dir erhofft hast.«

Mit diesen Worten und einem freundlich-aufmunternden Lächeln entließ der König seinen Oberpriester.

Als der Oberpriester nach Hause kam, erschrak seine Tochter, daß er mit gebückten Schultern, bleichem Antlitz und wirren Augen vor ihr erschien. Was war geschehen? Sie bat ihren verehrten Vater, sich doch niederzulassen, bereitete ihm eine Tasse dampfenden Gewürztees und massierte ihm seine Füße.

Der Oberpriester schüttelte immerzu den Kopf, wollte nicht mit der Sprache herausrücken – obwohl er sonst gar nicht mundfaul war, wie es die meisten guten Priester ja auch wohl nicht sein sollten– und murmelte etwas von »Unglück, was für ein Unglück!«, »Warum mußte mir das passieren?« und »Da wirst auch du, liebe Tochter, mir nicht helfen können«.

Schließlich brachte die junge Frau ihn dazu, ihr die ganze Sache vom Anfang bis zum Ende zu berichten. Dann beruhigte sie den Oberpriester, so gut es ging, und sagte: »Lieber Vater, sorge dich nicht, nimm mich in einer Woche mit zum König, und du wirst sehen, daß alles gut wird.«

Etwas in der Stimme seiner Tochter besänftigte ihn, wenigstens für den Augenblick. Die nächsten Tage ließen den Oberpriester immer fahler aussehen und deutlich Gewicht verlieren, während er an sein drohendes vorzeitiges Ende dachte und sich ausmalte, ob der König ihn wohl hängen oder köpfen lassen würde, da er ihm Gott ja nun wirklich nicht zeigen konnte. Manche Besucher der Tempel wunderten sich unterdessen, warum ihr sonst so lebendig sprudelnder Oberpriester auf einmal derart wortkarg und fast mürrisch geworden war. War er am Ende krank?

Die Tochter ging derweil ganz fröhlich ihren Beschäftigungen im Haushalt des Oberpriesters nach, den sie als einziges Kind seit dem frühen Tode ihrer Mutter für ihn mit großer Umsicht und wirtschaftlichem Geschick besorgte.

Der siebente Tag war schließlich gekommen, und der Oberpriester machte sich mit hängendem Kopf auf den Weg zum Palast, während seine Tochter durchaus frohgemut neben ihm einherging.

Als sie vor dem König standen, bat die Tochter ihn: »Hochgemuter, weiser Herrscher, deine Tochter bittet dich untertänigst um ein Zugeständnis, bevor du meinen verehrten Vater auf die Probe stellst, deren wahrscheinlichster Ausgang ihn eine ganze Woche lang hat wie von Sinnen werden lassen.«

»Worum du bittest, soll dir erfüllt werden«, antwortete der König, der sowohl von der Sicherheit der Frau überrascht worden war – denn sie wirkte durchaus sicher, trotz ihrer wohlgesetzten, demütigen Worte –, wohl aber auch von ihrer unübersehbaren weiblichen Schönheit angetan und gütlich gestimmt war. »Dank sei dir, o wunderbarer König«, hauchte die Tochter und bat ihn und den Oberpriester, ihr in den königlichen Park zu folgen.

Dort bat sie beide Männer, sich mit dem Rücken je an einen anderen Baum zu stellen, weit voneinander entfernt. Dann nahm sie zwei Seile und band die Männer fest an ihren Baum, so daß sie sich nicht mehr bewegen konnten.

Der König hatte anfänglich noch alles mit sich geschehen lassen – besonders als er die Berührungen der Schönen spürte, als sie anfing, ihn am Baum festzubinden. Aber das ging nun doch etwas zu weit, daß er sich gar nicht mehr rühren konnte, und er begann, unwillig zu werden.

»Halte noch einen Augenblick ein, hochgeschätzter Herrscher«, rief die junge Frau ihm zu, »bevor du deine Wachen rufst: Bitte sei so gütig, und binde erst meinen Vater los.«

»Was ist denn das für ein merkwürdiges Ansinnen«, rief der König erstaunt aus, »wie soll ich denn deinen Vater losbinden, wenn ich selbst festgebunden bin. Ich habe doch noch nicht einmal ein Messer bei mir, um mich selbst zu befreien.«

»Siehst du, genauso ergeht es meinem lieben Vater. Auch er als Oberpriester weiß natürlich, daß man ein Messer braucht, wenn man sich oder jemand anderen von Fesseln befreien will. Auch er weiß durchaus, daß nur ein Mensch, der selbst nicht gefesselt ist, einen anderen von dessen Banden oder Ketten befreien kann. Aber all sein Wissen und all sein Predigen dieser Dinge – so richtig sie sind, so sehr sie der Wahrheit entsprechen – versetzen ihn doch noch immer nicht in die Lage, auch nur einen einzigen anderen Menschen zu befreien und ihn vors Angesicht Gottes zu bringen. Er selbst ist gefangen und gebunden und wird es bleiben, bis seine Gebete erhört werden – seine Gebete, daß Gott einen Seher, Botschafter oder Propheten senden möge, der bereits zum Gottesbewußtsein erwacht und deshalb fähig ist, auch andere zu erwecken. Bis diese seine Gebete erhört werden, wird er sich – und wir uns – mit bloßen schönen Worten begnügen müssen.«

Der König erkannte die Wahrheit und Weisheit ihrer Worte und zog seine Androhung gegen den Oberpriester zurück. Allerdings ermahnte er ihn, von nun an in seinen Predigten das Gebet um die Ankunft eines Heiligen an die erste und die letzte Stelle zu setzen.

5. Testauswertung und Selbsteinschätzung

Lebt nicht in der Illusion des Denkens oder Glaubens,
daß ihr nach dem Tod etwas erhaltet.
Falls ihr in diesem Leben keinen spirituellen Fortschritt gemacht habt,
werdet ihr nicht schon dadurch spirituell,
daß ihr durch die Pforte des Todes geht.

Kirpal Singh

Die Stärken und Schwächen Ihres SQ

Die maximal erreichbare Gesamtpunktzahl ist 762. Sie werden an den »Schnittstellen« zwischen zwei Gruppen feststellen, daß Sie sich sowohl der einen wie der anderen Gruppe zurechnen können, wenn Sie gerade die entsprechende Punktzahl erreichen. Das ist durchaus beabsichtigt. Wie schon früher betont, ist dies kein exakter Test, sondern ein Ansporn zu größerer Bewußtwerdung. Übrigens fällt der Autor meistens in die Kategorien »Auf dem Weg...« und »Der Fortschritt...«, erzielt also selbst keineswegs Höchstpunktzahlen.

Sie finden bei den Hinweisen zu den einzelnen Gruppen auch Buchempfehlungen und Kurstips, die naturgemäß subjektiv sind. Ich ermuntere ausdrücklich zur Teilnahme an Seminaren und Workshops, weil im Verlauf von Bewußtseinskursen oft innerhalb von ein oder zwei Tagen ein Durchbruch stattfindet, der sonst viele Monate oder Jahre dauern könnte.

Kriterien für die Seriosität von Kursen sind meiner Erfahrung nach: deutliche Beschreibung der Kursziele, der angewandten Methoden und dessen, was die Teilnehmer selbst einbringen sollen;

keine Extreme; keine unübersehbaren Verpflichtungen; offene Darlegung der Gebühren und jederzeit die Chance, aufzuhören und das Geld anteilig zurückzubekommen.

Die meisten an den Volkshochschulen angebotenen Kurse sind seriös, ebenso die meisten Vorträge und Seminare kirchlicher Fortbildungseinrichtungen. Empfehlungen zu qualifizierten Yogalehrern/lehrerinnen gibt Ihnen der BDY, der Berufsverband Deutscher Yogalehrer in Delmenhorst; ein Hinweis auf seriöse und kostenlose Meditationskurse steht auf Seite 245. Im Anhang finden Sie auch Informationen zu meinen Seminarangeboten. Im *Buch der Meister* nenne ich eine ganze Reihe von Lehrern, die ich für empfehlenswert halte.

Der Traum

Bis zu 30 % der möglichen Punkte
1 bis 228 Punkte im Gesamttest

Erst durch Leiden aufwachen?

Wollen Sie erst durch noch mehr Leiden aus dem Traum erwachen, daß dieses Leben unendlich währt? Meinen Sie wirklich, daß alles, was passiert, von außen kommt und die Umstände oder andere Menschen, die Gesellschaft oder irgendwelche schlechten Einflüsse an dem »schuld« sind, was Ihnen zustößt? Es wird Zeit, daß Sie die geistigen Gesetze des Lebens kennenlernen und sich damit auseinandersetzen. Es wird Zeit, daß Sie die Eigenverantwortung für Ihr Leben akzeptieren. Wir selbst sind wesentlich daran beteiligt, wie unser Schicksal uns »mitspielt«. Zufall gibt es nicht, höchstens fällt uns etwas zu, wofür wir die Ursache noch nicht kennen. Deshalb sollten Sie sich auch mit der Karma-Lehre vertraut machen. Nutzen Sie bitte unbedingt die kostbare und ja doch recht kurze Lebensspanne, um nach dem »Mehr« hinter allem zu suchen. Es gibt dieses Mehr wirklich. Bewußt-Sein ist eine eigene Kraft, deren Segen man erfahren und sowohl weltlich wie geistig nutzen kann. Machen Sie sich bitte auf den Weg, bleiben Sie nicht selbstzufrieden sitzen mit dem Gefühl: »Es geht mir doch gut, warum soll ich denn etwas anderes machen?«.

Buchempfehlungen:
Thorwald Detlefsen, *Schicksal als Chance*
Antoine de St. Exupéry, *Der kleine Prinz*
Ursula Maria von Rohr, *Hör mir mal zu*

Kursempfehlungen:
- Atem- und Entspannungskurse
- Yogakurse, die dem westlichen Menschen gemäß sind
- Tarotseminare

Das Erwachen

30 bis 50 % der möglichen Punkte
228 bis 381 Punkte im Gesamttest

Entwicklungsschub notwendig

Sie haben natürlich schon häufiger darüber nachgedacht, warum Sie in manche Situationen immer wieder hineingeraten. Sie haben sich auch schon öfter den Kopf darüber zerbrochen, warum Ihnen einige Menschen immer wieder die gleichen Probleme bereiten. Und Sie haben auch bereits mehrfach überlegt, welche alten Muster und Blockaden Sie vielleicht haben, die Sie daran hindern, sich kreativer zu entfalten und glücklicher zu leben. Nun gilt es, den nächsten Schritt zu machen, nämlich an sich selbst zu arbeiten. Sie sollten nicht länger zögern, manche Ideen und Träume, die Sie seit längerem hegen, jetzt wirklich umzusetzen. Packen Sie's an, Sie brauchen einen Entwicklungsschub. Und der kommt nur dann, wenn Sie konsequent etwas unternehmen. Besuchen Sie ein Jahr lang verschiedene Kurse, darunter auch einen, der über mindestens zehn oder zwölf Abende geht. Gehen Sie in Gruppen, die sich mit geistigen Themen beschäftigen. Fangen Sie an, das zu lernen oder zu üben, was Sie schon immer tun wollten (z. B. ein Musikinstrument, eine Sprache oder einen Sport). Arbeiten Sie mit in einer Alten- oder Kindergruppe, engagieren Sie sich für Greenpeace oder eine andere Umweltorganisation. Tun Sie etwas!

Buchempfehlungen:
Khalil Gibran, *Der Prophet*
Paramahansa Yogananda, *Autobiographie eines Yogi*
Wulfing von Rohr, *Licht in der Stille*

Kursempfehlungen:
- Seminare über natürliche Gesundheit
- Meditationskurse (Anfangsübungen zur Konzentration)
- Alta-Major-Kurse

Auf dem Weg

50 bis 70 % der möglichen Punkte
381 bis 533 Punkte im Gesamttest

Mehr emotionales Engagement, mehr seelische Leidenschaft

Sie sind auf dem Weg zur geistigen Bewußtwerdung, wenn Sie weiter bereit sind, ein ganzes Leben lang zu lernen. Wenn Sie noch deutlichere Fortschritte machen möchten, werden Sie sich vermutlich entscheiden wollen, ob Sie sich noch mehr engagieren – zeitlich und energetisch. Falls Ihre Antwort »Ja« lautet, können Sie sich prüfen, ob Sie sich gesünder (rein vegetarisch) ernähren sollten, ob Sie der Natur mehr Zeit und den Massenmedien weniger Zeit widmen wollen, ob Sie auf übermäßigen Alkoholkonsum verzichten. Sie werden sich bewußter entscheiden, mit welchen Menschen Sie Ihre Freizeit verbringen wollen und welche Bücher Sie lesen möchten. Sie werden dann wahrscheinlich auch beginnen, darauf zu achten, ob Sie positive Gedanken und Gefühle haben, ob Sie harmonische und konstruktive Worte finden, ob Ihre Handlungen Ihren eigenen ethischen Idealen wirklich entsprechen. Sie werden ebenfalls mehr auf Ihre schöpferischen Impulse und die innere Stimme achten, um häufiger das zu tun, was Sie wirklich vorwärts bringt. Und Sie werden mit einer spirituellen Meditationsform beginnen, ohne eigene Projektion, kreative Visualisierung oder phantasievolle Imagination. Sie werden beginnen, in die Stille am Augenzentrum oder am dritten Auge einzutauchen, um die überpersönliche Kraft des inneren, schattenlosen Lichts zu erfahren (siehe auch Meditationsübung auf Seite 158). Zumindest wünsche ich Ihnen das alles.

Buchempfehlungen:
K. O. Schmidt, *In dir ist das Licht*
Rajinder Singh, *Kraft der Seele*
Wulfing von Rohr, *Es steht geschrieben*

Kursempfehlungen:
- Veranstaltungen mit echten Meistern
- Spirituelle Meditation (Inneres Licht am dritten Auge)
- Astrologieseminare

Der Fortschritt

70 bis 90 Prozent der möglichen Punkte
533 bis 685 Punkte im Gesamttest

Schon gut vorangekommen, aber Sie können noch weiter gehen!

Sie sind ein bemerkenswertes Stück auf Ihrem Weg der Bewußtseinsentwicklung vorangekommen. Vermutlich sind Sie nicht mehr auf einem »Weg zum Weg«, sondern bereits auf »Ihrem Weg«. Was können Sie tun, um noch weiter zu gehen? Die Integration von materiellen Bedürfnissen und spirituellen Zielen scheint mir in diesem Entwicklungsstadium besonders wichtig zu sein. Wie können wir unsere körperlichen Notwendigkeiten, die emotionalen Wünsche und die intellektuellen Interessen einerseits mit dem Einsatz für die innere spirituelle Entfaltung und andererseits mit dem Einsatz für die Arbeit an der äußeren Welt verbinden? Balance und Toleranz sind dabei Schlüsselworte. Ausgewogenheit und Offenheit, Abstand von Extremen und Fanatismus sind weitere Hilfen auf dieser Wegstrecke. Und nicht vergessen: Freude! Bewußt-Sein darf (und sollte) Spaß machen. Auch die größte Wachheit gegenüber den Leiden der Menschen sollte uns nicht so deprimieren, daß wir nicht mehr die Chancen sehen, die wir und andere haben. Rosen ohne Dornen und ein Leben ohne Probleme gibt es nicht. Mit der richtigen Einstellung fällt es uns aber leichter, frohen Sinnes durch dieses merkwürdige Leben zu gehen. Die entscheidende Hilfe dafür ist die Verankerung des Seelenbewußtseins in der höheren Kraft, die wir Gott nennen (die Sie aber auch anders bezeichnen können). Dazu sollten wir nach einem Lehrer Ausschau halten, der uns weiterhelfen kann.

Buchempfehlungen:
Darshan Singh, *Spirituelles Erwachen*
Tzvi Freeman, *Den Himmel auf die Erde bringen*
Dschuang Dsi, *Das wahre Buch vom südlichen Blütenland*

Kursempfehlungen:
- Spirituelle Meditation (Verbindung mit dem inneren Klang)
- Einweihung durch einen echten Meister
- Kurse oder Eigenarbeit zur Verbindung von Psychologie und Spiritualität

Das Vorbild

90 bis 100 % der möglichen Punkte
685 bis 762 Punkte im Gesamttest

Was könnte ich Ihnen schon zur weiteren Auswertung sagen? Sie »wissen« viel, weil Sie viel gelebt und verwirklicht haben. Sie sind zahlreichen Menschen ein Vorbild. Sie wirken durch Ihre Ausstrahlung, ohne daß Sie viel reden müßten. Das können und sollen

Sie jedoch auch, solange Sie dabei nicht das Gefühl haben, daß Sie Energie verlieren. Die meisten Menschen lernen besser durch reale Vorbilder einerseits und durch das gefühls- und verstandesmäßige Verstehen andererseits. Man »darf« also ruhig auch über eigene Einsichten sprechen! Sollten Sie noch nicht einem echten spirituellen Lehrer begegnet sein, so wäre diese Begegnung der Höhepunkt und die Erfüllung Ihrer Arbeit an sich selbst. Die Einweihung in die Mysterien des Jenseits sowie die Verbindung mit dem göttlichen Kraftstrom des »Wortes« bzw. mit der Himmelsmusik, die man ohne physische Ohren wahrnimmt – Madame Blavatsky nannte es die »Stimme der Stille«, Pythagoras sprach von der »Sphärenmusik« –, wäre sozusagen die reife Frucht, die Ihnen als Lohn für Ihre Arbeit an sich selbst sicher gern gewährt wird.

Buchempfehlungen:
Meister Eckhart, *Vom Wunder der Seele*
Darshan Singh, *Das Geheimnis der Geheimnisse*
Wulfing von Rohr, *Was lehrte Jesus wirklich?*

Kursempfehlungen:
- Zweimal jährlich Rückzug in die Stille
- Eigene Vorträge und Kurse anbieten

Unklarheit

Mehr als 20 % (17) »Das weiß ich nicht«-Antworten
(Theoretisch wäre diese Antwort 86mal möglich.)

Wenn Sie sehr häufig angekreuzt haben »das weiß ich nicht«, kann das durchaus ein Ausdruck einer besonders wachen und selbstkritischen Haltung sein, die Ehrlichkeit gegenüber sich selbst ausdrückt. Es mag sein, daß dieses Ergebnis zeigt, daß Sie sich zwar intensiv mit wesentlichen Lebensfragen auseinandergesetzt haben, aber an einem Punkt stehen, wo Sie nur noch wissen, daß Sie nichts mehr wissen. Insofern könnte ein Ergebnis von vielen solcher Antworten also ein Hinweis auf einen hohen Bewußtseinsgrad sein. In diesem Fall darf ich Ihnen versichern, daß wir auf einer bestimmten Ebene, nämlich der mentalen, tatsächlich letztlich nicht sehr viel wissen. In den Zeiten der Innenschau oder Meditation erleben wir aber Wahrheit, Schönheit, Licht und Liebe unmittelbar. Und in den Zeiten der herzlichen Seelenzuwendung zum Nächsten, der liebevollen Anteilnahme und des selbstlosen Dienstes erfahren und wissen wir, daß es auch im äußeren Leben echte Werte und wahre Erfüllung gibt.

Es könnte indes jedoch auch so sein, daß Sie oft »das weiß ich nicht« angekreuzt haben, weil Sie sich mit den jeweiligen Fragestellungen bislang einfach noch nicht beschäftigt haben oder weil Sie bisher zu selbstzufrieden, unbeweglich oder auch denk- und gefühlsfaul waren, darauf näher einzugehen. In diesem Fall rate ich Ihnen, daß Sie sich daran erinnern, daß nur Sie allein dieses Leben zu bestehen haben. Wir alle schmieden jetzt unsere Zukunft, hier und heute. Wenn wir stehenbleiben, fallen wir zurück. Wer geistig rastet, der rostet spirituell. Wer sich nicht aktiv dem Leben zuwendet – auch auf die Gefahr hin, etwas »falsch« zu machen, zeitweise in die Irre zu gehen oder einen Umweg zu machen –, von dem wendet sich das Leben ab. Es gibt Antworten, wir müssen danach nur zu suchen beginnen!

Buchempfehlungen:
Martin Buber, *Die Erzählungen der Chassidim*
Rajinder Singh, *Heilende Meditation*
Wulfing von Rohr, *Es steht geschrieben*

Kursempfehlungen:
- Rückführungskurs (nur die Kurse mit Dr. Jan Erik Sigdell kann ich guten Gewissens empfehlen, was Seriosität und Preis angeht; sein neues Buch heißt *Rückführung in frühere Leben – Emotionale Befreiung durch Reinkarnationstherapie, ohne Hypnose*)
- Entdecken Sie Ihre Vision (ein Intensivkurs des Autors)

Unbewußtheit

Minuspunkte (also alle Ergebnisse unter 1 Pluspunkt)

Ich kann mir nicht vorstellen, daß es dieses Ergebnis in der Praxis überhaupt gibt. Denn ein solcher Mensch würde aller Voraussicht nach dieses Buch ja gar nicht erst in der Hand halten. Aber wer weiß ... Immerhin: Ein Mensch, der ein »Minusergebnis« hat, wird vom Schicksal früher oder später schon ausreichend provoziert, um sich vielleicht eher unfreiwillig auf den Weg zu machen, bewußter durchs Leben zu gehen und dabei zu lernen.

Buchempfehlungen:
Chris Griscom, *Zeit ist eine Illusion*
Kirpal Singh, *Karma – Das Rad des Lebens*
Wulfing von Rohr, *So bleiben Sie gesund*

Kursempfehlung:
- Beliebige VHS-Kurse zur Persönlichkeitsentwicklung

Ein alternativer Kurztest

Wenn Sie sich im Moment zeitlich oder sonstwie überfordert fühlen, einen umfangreichen Test zum SQ zu machen, möchte ich Ihnen eine andere Methode zur Selbstbewertung vorschlagen, die ganz einfach ist und praktisch keine Zeit erfordert – und Ihnen dennoch einen ersten groben Überblick verschafft, wo Sie in Ihrer Entwicklung stehen.

Kreuzen Sie einfach bei den folgenden zehn Begriffen auf der Skala von 1 bis 10 an, wie Sie sich selbst einschätzen. 10 ist die »Bestmarke« und bedeutet »Das habe ich voll entwickelt«, 1 die niedrigste Einschätzung und heißt »Daran habe ich noch nie gedacht«.

	10	9	8	7	6	5	4	3	2	1
Geistige Klarheit										
Menschliches Mitgefühl										
Seelische Bewußtheit										
Aktive Kreativität										
Gelebte Liebe										
Inniges Gebet										
Bemühung um Meditation										
Selbstloser Dienst										
Sehnsucht nach Sinn										
Glaube an Gott										

Auswertung des Kurztests

- 100–91 Punkte: Entweder haben Sie schon den großen Quantensprung ins erleuchtete Bewußtsein gemacht – oder Sie haben sich selbst ein bißchen in die eigene Tasche geschwindelt.
- 90–61 Punkte: Sie machen sicher vielen Mitmenschen den Tag schöner. Sie sind bereit, weiter zu lernen – und man kann von Ihnen lernen. Wenn Sie die Lichtmeditation am dritten Auge noch nicht kennen, probieren Sie sie aus.
- 60–31 Punkte: Sie sind auf einem guten Weg – dem Weg der Suche und Bewußtwerdung. Nehmen Sie sich an zwei oder drei Wochenenden pro Jahr Zeit für Kurse, um noch intensiver »einzusteigen«.
- 30–16 Punkte: Schauen Sie doch mal im Programm Ihrer Volkshochschule nach, ob es dort Kurse in Yoga, Selbsterfahrung, Religionsvergleich oder zu ähnlichen Themen gibt, die Sie besuchen möchten.
- 15–0 Punkte: Dieses Ergebnis glaube ich Ihnen nicht. Sie hätten dieses Buch ja gar nicht gekauft oder geschenkt bekommen, wenn Sie in Wahrheit nicht schon »weiter« wären.

Wie gesagt, der Kurztest und diese entsprechend knappe und »lockere« Auswertung sind kein Ersatz für den ausführlichen Test. Der Kurztest läßt sich aber beispielsweise auch in einer Freundesrunde ohne großen Aufwand machen und sorgt dann hoffentlich auch noch für guten Gesprächsstoff.

Die Heilige, der Asket und die Bäuerin

Der Seelenquotient in den Mythen der Welt

Es war einmal ... aber vielleicht passiert es gerade jetzt erneut, gerade hier, in deinem Leben?! Also, es war einmal, daß eine Heilige, die einige Zeit auf der Erde zugebracht hatte, sich auf dem Heimweg zur Quelle allen Seins befand. Und obwohl diese Art von Heimreise eigentlich ja nur innerlich, geistig stattfindet, wenn sich die Seele von der Welt zurückzieht und durch Liebe und Gnade in die höheren Sphären erhoben wird, war diese Heilige zunächst doch auch auf einem äußeren Weg. Vielleicht war sie auf dem Weg an einen besonders abgeschiedenen Ort der Meditation – oder sie war unterwegs, um eben diese Geschichte, die nun folgen soll, überhaupt erst möglich zu machen.

Wohlan denn, unsere Heilige war also noch auf ihrem Weg durch die Welt. Dabei kam sie an einer Höhle vorbei, in der ein Asket seinen entsagungsreichen Praktiken nachging. Der Asket bemerkte die Heilige, beendete seine Übung ohne jede Hast und lud dann die Heilige ein, sich zu einer Rast zu ihm in die Höhle zu setzen. Er bot ihr von Beeren und Nüssen an, die er gesammelt hatte, und schenkte ihr von dem frischen Wasser ein, das er jeden Tag von einer nahen Quelle zu holen pflegte.

Als sie sich miteinander bekannt gemacht hatten und der Asket hörte, daß sich die Heilige auf dem Weg zu Gott – oder der Quelle allen Seins – befand, bat er sie, Gott doch zu fragen, wie viele Leben er noch auf der Erde in Askese verbringen müsse, um vom Rad der Wiedergeburten befreit zu werden. Die Heilige versprach dem Asketen, Gott zu fragen, der ihm seine Antwort dann sicher auf irgendeine Weise zukommen lassen würde.

Die Heilige wanderte weiter auf ihrem Weg und kam an einem Acker vorbei, auf dem eine Bäuerin im Schweiße ihres Angesichtes schwere Feldarbeit verrichtete. Als die Bäuerin die Heilige erblickte, ließ sie ihre Arbeit ohne alles Überlegen sofort fallen, lief zu ihr, begrüßte sie mit gefalteten Händen und war vor Freude über das unverhoffte Glück, einer Heiligen zu begegnen, ganz aus dem Häuschen, wie man zu sagen pflegt.

Sie bat die Heilige, sich doch im Schatten eines nahen Baumes auszuruhen, und breitete ihr ein Tuch aus. Dann holte sie einen Brotfladen und ein Gefäß mit Milch und bot ihr dies als bescheidene Wegzehrung an, mit vielerlei Entschuldigungen, daß sie leider nicht mehr und nichts Besseres habe. Sie sagte der Heiligen auch nicht, daß dies ihre eigene Verpflegung für den ganzen Tag war und sie nun erst am späten Abend etwas würde essen können.

Die Heilige ließ es sich sichtlich schmecken, lobte das würzige Brot und die fette Milch. Sie kamen ins Gespräch, und auch die Bäuerin bat die Heilige, doch bei Gott demütigst anzufragen, wie viele Leben sie noch im Kreislauf von Geburt und Tod und Wiedergeburt werde verbringen müssen.

Die Heilige zog weiter ihres Weges und setzte diesen am nächsten Tag nun doch im Inneren fort – wo der geistige Weg eben wirklich weiterführt. (Wie es so schön in einem Lied heißt: »Um rauszukommen, mußt du nach innen gehen.« Eigentlich ist dieses Lied ein spiritueller Rocksong und heißt *To get out you must go within* und stammt von Michael Richards.) Um Anfang und Ende zu finden, um das Woher, Warum und Wohin des Lebens zu beantworten, um das Rad der Wiedergeburten zu überwinden, muß man in Meditation, Kontemplation und stillem Gebet nach innen gehen, das Körperbewußtsein überschreiten bzw. hinter sich lassen und an der berühmten Silberschnur in die spirituellen Reiche reisen.

Zurück zu unserer Geschichte: Die Heilige gelangte zur Quelle allen Seins und verging fast vor Seligkeit. Dennoch vergaß sie nicht, die Anfragen des Asketen und der Bäuerin vorzubringen. Und Gott gab ihr auch wirklich Antwort – welche, das wollen wir an dieser Stelle noch nicht vorzeitig ausplaudern, weil die geschätzten Leser sonst womöglich nicht weiterlesen würden. Gott bat die Heilige, seine Antworten doch höchstpersönlich zu überbringen, damit sie um so glaubwürdiger wirkten – glaubwürdiger, als wenn plötzlich ein Engel aus heiterem Himmel erschienen wäre und mit Posaunenschall die Antwort verkündet hätte. Die Heilige willigte gern ein – denn welcher Heilige würde Gottes Wünsche nicht zum eigenen Willen machen? Es heißt ja: »Dein Wille geschehe«, und nicht: »mein Wille geschehe«.

Einige Zeit später kam die Heilige wieder des Wegs in der Welt und suchte zunächst den Asketen auf. Er war wiederum in seine Übungen vertieft, beendete sie und widmete sich dann der Heiligen. Wie es die Höflichkeit gebot (zumindest damals und an diesem Ort), reichte er ihr nach dem Willkommensgruß erst einmal Wasser und Früchte zur Erfrischung, bevor er fragte, ob sie Gott getroffen und seine Frage habe vorbringen können. »Ja, lieber Bruder«, antwortete die Heilige, »und die Quelle allen Seins läßt dir ausrichten, daß du noch drei Leben vor dir hast und dann vom Rad der Wiedergeburt endgültig befreit sein wirst.«

Darauf versank der Asket zunächst in Schweigen, dann verdüsterte sich sein Gesicht, er rang offensichtlich um Selbstbeherrschung, und dann brach es doch aus ihm heraus: »All diese Mühen, all diese Entsagungen, und doch werde ich erst nach drei weiteren Leben befreit sein? Welch Unglück, welche Ungerechtigkeit!«

Wir wissen nicht, ob die Heilige etwas erwiderte, ob sie ihn zu trösten versuchte oder ob sie einfach still Abschied nahm. Wir können jedoch berichten, daß sie bald darauf an dem Feld ankam, auf dem die Bäuerin auch an diesem Tag wieder hart arbeitete. Mit leuchtendem Gesicht lief sie auf die Heilige zu, glücklich, sie wiederzusehen. Sie bat sie wiederum, unter dem großen Baum zu rasten, und bot ihr Milch und Brot an, was die Heilige jedoch nicht ohne weiteres annehmen wollte. Sie bestand darauf, daß die Bäuerin mit ihr aß:

»Du hast schon bei unserer letzten Begegnung einen ganzen Tag lang gefastet, trotz der schweren körperlichen Arbeit. Heute erweise mir die Freude, daß wir beide zusammen essen.«

War es Einbildung, war es Wirklichkeit – wer will das schon wissen, denn wenn man in der Gegenwart von Heiligen ist, tragen sich die merkwürdigsten Dinge zu: Die Milch schien nicht weniger zu werden, soviel sie ihr zusprachen, die Zahl der Brotfladen schien nicht abzunehmen, so viele sie sich auch schmecken ließen.

Schließlich sagte die Heilige: »Du hast mich noch gar nicht nach deinem Anliegen gefragt, ist es dir denn nicht so wichtig?« Die Bäuerin antwortete mit verschämt niedergeschlagenen Augen: »Was könnte mein Anliegen bedeuten angesichts der großen Freude, daß du, eine große Heilige, die Umgang mit Gott hat, mich arme, einfältige Bäuerin, die nichts weiß und nichts kann, bereits zum zweiten Male mit deinem Besuche über jede Gebühr ehrst, mein Herz erfreust und meine Seele beglückst?«

»Nun, ich möchte dir dennoch die Antwort auf deine Frage geben. Die Quelle allen Seins läßt dir durch mich ausrichten, daß du noch so viele Leben auf der Erde vor dir hast, wie Blätter an diesem Baume sind. Danach wirst du endgültig vom Kreislauf der Wiedergeburten befreit sein.«

Daraufhin sprang die Bäuerin wie von Sinnen auf, lachte, klatschte in die Hände, tanzte herum und sang: »So bald schon werde ich erlöst sein, so bald schon, welch unverdientes Glück, welch große Gnade.«

Die Heilige blickte die Bäuerin liebevoll an und sprach dann zu ihr: »Deine demütige Schlichtheit wird von der Quelle allen Seins so geschätzt, daß bereits dieses Leben dein letztes sein wird.«

Und dann offenbarte die Heilige der Bäuerin den Weg der Seele, wie diese, geleitet durch die Himmelsmusik und das göttliche Licht, das Körperbewußtsein überschreiten und in die höchsten Höhen gelangen und so erlöst werden kann.

Bei Geschichten, die mit »Es war einmal...« anfangen, glauben wir modernen, aufgeklärten, kritisch denkenden Menschen gern, daß es sich um phantasievolle Wunschgebilde oder um religiös motivierte Glaubensfabeln handelt, die wenig oder gar nichts mit unserer Wirklichkeit zu tun haben. Aber vielleicht passiert diese Geschichte gerade jetzt erneut, gerade hier, in deinem Leben, wenn du deine Augen aufmachst – die Augen des Herzens natürlich: »Das Wesentliche ist für die physischen Augen unsichtbar; nur mit dem Herzen sieht man wirklich gut«, sagte Antoine de St. Exupéry, der Verfasser des *Kleinen Prinzen*.

6. Der 1-Wochen-Test

Manche Menschen hoffen auf einen Himmel im fernen Weltraum. Der Himmel ist jedoch ein Bewußtseinszustand während dieses Lebens. Wenn wir uns aktiv darum bemühen, auf »himmlische« Weise zu leben und zu lieben – so wie es von Gott gewollt ist –, dann sind wir schon jetzt Bürger jenes Himmels, der uns im Jenseits erwartet.

Kirpal Singh

Wie spirituell bin ich?

Führen Sie eine Woche lang ein Tagebuch über Ihr Denken, Fühlen, Sprechen und Handeln. Manche Menschen mögen sich lieber auf die positiven Seiten konzentrieren und diese aktiv weiterentwickeln; dann füllen Sie nur den Positivteil aus. Andere möchten lieber aus Fehlern lernen; dann füllen Sie den Negativteil aus. Dritte wiederum wollen sich beide Aspekte bewußt machen und füllen dann beide Teile aus. So oder so wird Ihnen dieses Tagebuch zur Bewußtwerdung dienen.

Mein spirituelles Tagebuch
Positive Impulse pro Tag (Male oder Minuten)

Liebe	Hilfsbereitschaft	Wahrhaftigkeit	Muße
Gedanken Worte Taten	Gespräch Geld Handlung	Freundliche Gedanken Freundliche Worte Freundliche Taten	Naturerleben Gute Kunst / Musik Sinnsuche Meditation

Negative Impulse pro Tag (Male oder Minuten)

Aggressionen	Verweigerung	Unwahrhaftigkeit	Hektik
Gedanken	Gespräch	Lieblose Gedanken	Air-Conditioning
Worte	Geld	Lug in Worten	Chaotische Kunst/Musik
Taten	Handlung	Betrug in Taten	Dahintreiben
			Hetze

Die Auswertung dieses »Tests« bleibt Ihnen überlassen. Ich mache Ihnen zwei Vorschläge dazu:

1. Vergleichen Sie, ob auf der »Positivseite« mehr Striche sind als auf der »Negativseite«. Probieren Sie, in der folgenden Woche des Gewicht noch stärker auf die Positivseite zu verlagern. Dazu dienen die Übungen im dritten Teil dieses Buches.
2. Stellen Sie fest, bei welcher Schwäche Sie am meisten Striche gemacht haben. Widmen Sie sich eine Woche lang nur der Arbeit an dieser »Problemzone«, ohne auf andere Schwächen groß zu achten.

Auch dies ist nur ein möglicher Ansatz unter den vielen Wegen, die ins Rom der Bewußtwerdung und Selbstverwirklichung führen. Es ist gleich, auf welchem Weg Sie vorangehen, solange Sie überhaupt gehen. Dazu wünsche ich Ihnen viel Einsicht und Kraft, »Zug und Druck«, Elan und Motivation – oder was immer sonst Sie gut gebrauchen können.

Meister Eckhart

Lehren eines christlichen Mystikers

> Es gibt zweierlei Geburt des Menschen: eine in die Welt hinein und eine aus der Welt heraus und in Gott hinein. Willst du nun wissen, ob du zu Gottes Sohn gemacht seist, so wisse: Solange du noch um irgendein Ding Leid trägst, es sei denn um der Sünde willen, solange ist deine Kindschaft noch nicht geboren.

Von Meister Eckhart, dem wohl bedeutendsten Mystiker des christlichen Mittelalters, der manchmal auch als der »Buddha des Westens« apostrophiert wird, stammen die beiden kurzen Zitate am Anfang und am Ende dieses Abschnittes. Er hat einmal eine Beschreibung eines zum Seelenbewußtsein erwachten Menschen in fünf Merkmalen gegeben. Sie zeigt, daß diese Art des höheren Bewußtseins Eingeweihten in jeder Epoche bekannt war, und ist auch noch heute gültig, insbesondere in der Einbindung der spirituellen Bewußtheit in den normalen Alltag mit all seinen Mühen und Beschwernissen.

1. Das erste ist, daß auf den zum Seelenbewußtsein Erwachten weder von Gott noch von den Menschen her so Schweres fallen kann, daß man ein Wort der Klage von ihm hört. Man hört nur lobende und dankbare Worte von ihm.
2. Das zweite ist, daß er bei allem Großen, das ihm zuteil wird, mit keinem Wort sich selbst das Verdienst zuschreibt, sondern allein Gott die Ehre gibt.
3. Das dritte ist, daß er nichts begehrt und verlangt, was Gott ihm nicht aus freier Liebe reicht, und daß er alles Gottes Willen anheim gegeben hat.
4. Das vierte ist, daß nichts im Himmel und auf Erden ihn betrüben kann. Wenn Himmel und Erde zusammenstürzen, würde er in Frieden leben und in jedem Geschehen Gottes Willen erkennen.

5. Das fünfte ist, daß nichts im Himmel und auf Erden ihn vor Freude außer sich geraten läßt, da ihm nichts wesentlicher ist als sein Einssein mit Gott.

Menschen, die nach keinen Nutzen trachten, weder nach Ehren noch nach Nutzen, noch nach innerer Selbstaufopferung, noch nach Heiligkeit, noch nach Belohnung, noch nach dem Himmelreich, sondern auf dieses alles verzichtet haben, auch auf das, was ihr Selbst ist: in solchen Menschen wird Gott geehrt.

TEIL III

So entwickeln Sie Ihren SQ

Übungsvorschläge für das Alltagsleben

Früher wünschte ich mir etwas, ich hing Phantasien nach.
Heute meditiere ich, ich bete, und ich tue etwas.
Früher glaubte ich, daß der Schlüssel zu Erfolg Wissen war.
Heute lasse ich los und öffne mich für Weisheit.
Früher dachte ich, daß man meditiert, wenn man heilig ist.
Heute meditiere ich, um ganz ich selbst zu werden und zu sein.
Früher hielt ich in Angst und Sorge den Atem an.
Heute atme ich frei auf und lasse den Atem natürlich fließen.
Früher dachte ich, ich müßte jemand sein.
Heute bin ich ich selbst.
Früher habe ich mich über meinen Beruf definiert.
Heute finde ich meinen Selbstwert durch mein Leben.
Früher hatte ich Freunde.
Heute bin ich anderen ein Freund.
Früher dachte ich, daß meine Kinder mein Leben sind.
Heute spüre ich, daß unsere Kinder ihr Leben führen.
Früher redete ich mit Leuten.
Heute begegne ich Menschen.
Früher habe ich Gott für alles Gute gedankt.
Heute danke ich Gott für die Tatsache, daß ich leben darf.
Früher hatte ich Angst, mißverstanden zu werden.

Jetzt spreche ich geradeheraus.
Früher suchte ich nach Liebe.
Heute strahle ich Liebe aus.
Früher dachte ich, daß Gott irgendwo da oben ist.
Heute lebe ich, daß ich innen ein Teil des göttlichen Geistes bin.
Irgendwann …
Morgen vielleicht …
Nein, ich werde darauf nicht warten …
Ab heute, ab jetzt!

7. Entdecken Sie Ihre Vision

Ich bin nicht auf die Welt gekommen,
um das Leben zu genießen,
sondern um anderen Menschen Freude zu bereiten.

Franz Lehár

Die persönliche Lebensvision der Seele

Gibt es so etwas wie eine Vision für Ihr Leben, mit der Sie auf diese Erde gekommen sind? Hat Ihre Seele einen Plan gehabt (oder bekommen – von wem?), bevor sie sich in diesen Körper inkarnierte? Was für eine Vision ist das oder könnte das sein? Ähnlich wie die eingangs zitierte des Franz Lehár oder ganz anders?

Es ist oft einfacher, wenn wir in Farben, Formen und Klängen ausdrücken, was uns im Innersten bewegt. Das schlage ich Ihnen jetzt in mehreren Schritten vor. Es geht nicht immer gleich um eine einzige große Vision für das gesamte Leben, sondern wir nähern uns dem, was im Urgrund unseres Wesens liegen mag, lieber »häppchenweise«. Nehmen Sie sich einige Farbstifte zur Hand, und auf geht's! Wenn Sie nicht direkt ins Buch hineinschreiben möchten, fotokopieren Sie bitte die entsprechenden Seiten.

Farben, Formen, Klänge und Schlüsselworte Ihres Lebens

Farben meines Lebens

Welche Farbe hat Ihre Beziehung?
Welche Farbe hat Ihre Arbeit?
Welche Farbe hat Ihr Körper?
Welche Farbe hat Ihre Kreativität?
Welche Farbe hat Ihre Seelenentwicklung?

Formen meines Lebens

Welche Form hat Ihre Beziehung?
Welche Form hat Ihre Arbeit?
Welche Form hat Ihr Körper?
Welche Form hat Ihre Kreativität?
Welche Form hat Ihre Seelenentwicklung?

Klänge meines Lebens

Welchen Klang hat Ihre Beziehung?
Welchen Klang hat Ihre Arbeit?
Welchen Klang hat Ihr Körper?
Welchen Klang hat Ihre Kreativität?
Welchen Klang hat Ihre Seelenentwicklung?

Schlüsselworte meines Lebens

Welches Schlüsselwort hat Ihre Beziehung?
Welches Schlüsselwort hat Ihre Arbeit?
Welches Schlüsselwort hat Ihr Körper?
Welches Schlüsselwort hat Ihre Seelenentwicklung?

Zwölf Schlüssel zu meinem Leben

Die Vergangenheit/das letzte Jahr empfinde ich so ...
Farbe:
Form:
Klang:
Schlüsselwort:

Die Gegenwart/mein Leben jetzt erlebe ich so ...
Farbe:
Form:
Klang:
Schlüsselwort:

Meine Zukunft/das kommende Jahr spüre ich so ...
Farbe:
Form:
Klang:
Schlüsselwort:

Beispiele für Visionen

An dieser Stelle möchte ich Ihnen einige wenige Beispiele geben, die von Kursteilnehmern im Verlauf von Seminaren als ihre Farben, Klänge, Visionen und Schlüsselworte erfahren wurden.

Vergangenheit: Bei fast allen Teilnehmern tauchten als Bild für die Vergangenheit eckige Formen und oft auch ein Gewirr aus Pfeilen auf, die in alle möglichen Richtungen schießen. Düstere Farben und dissonante Klänge und Geräusche gehörten auch hierher; Schlüsselworte waren Verwirrung, Leiden, »Alice im Wunderland« und Unschuld.

Gegenwart: Offene, neutrale Farben wurden genannt, auch Rechtecke oder Landschaften sowie praktisch alle Farben; Schlüsselworte waren Harmonie, Liebe, schöpferische Kräfte, Erlösung, aber auch Treibsand.

Zukunft: Hier herrschten optimistische Formen vor, wie Fontäne, Lotosblüte, Sonne, Wellen, Berg, nach oben gerichteter Pfeil, aber auch die Form des Einzellers. Farben für die spirituelle Zukunft waren überwiegend Weiß und Gold; Formen waren Herz, nach oben offene Schale, nach oben gerichteter Wirbel, Kreis, Strahlenkranz; Schlüsselworte waren Transparenz, Segen, Wonne, Herz, Sonne, Strahlung, Samen säen, unbegrenzter Geist, Hoffnung bewahren, sich immer weiter bemühen.

Vorgeburtliche Vision: Kreis, Sonne, Spirale, Aufwind, Blume und Luft tauchten als symbolische Formen auf. Schlüsselworte waren Öffnung, Ausweitung, All-Eins, Quelle, Glück, Zuhause im Universum, sich selbst erkennen.

Beim Thema *Arbeit* tauchten vorwiegend diese Begriffe, Formen und Farben auf: Grün, Blau, Rot, Violett, Gelb, Orange; Pyramide,

Kreis, Planet, Erde, Quelle, Karo, Pfeile, Wellen; fruchtbar, Disziplin, Fließband, real, Reichtum, zufrieden, Integration.

Zum Thema *Körper* habe ich aus den Kursen vor allem notiert: Pink, regenbogenfarben, Grün, irisierend, Farbwellen; Kelch, Lotos, Herz, menschliche Gestalt, Sonne, zwei Dreiecke, die jeweils mit der Spitze aufeinander stehen; Balance, Energie, Vitalität, Transparenz, strahlend, gesund, von der Quelle genährt.

Stichworte zum Lieblingsthema *Beziehungen:* Lila, Pink, klares Grün, regenbogenfarben, Orange, Gold, Indigoblau; Wellen, Herz, astrologisches Waagezeichen, ineinander gewundene Symbole, liegende Acht; zusammen, Delphin, Harmonie, interaktive Säulen der Stärke, zwei ineinander verschobene Regenbogen, wertvoll, Liebe ...

Zum Abschluß noch Beispiele für *Zukunftswünsche:*

In diesem Jahr: Klarheit, bessere Kommunikation, Spaß, Unentschiedenheit auflösen, neuer Wohnort, materielle Fülle, mehr nach außen gehen und unternehmen ...

In fünf bis zehn Jahren: Reisen, universeller Frieden, die eigene Kreativität voll leben, finanzielle Unabhängigkeit, gute Familienbeziehung, Geld sparen, Meditation, sich spirituell entwickeln, Ballast abwerfen ...

Für das weitere zukünftige Leben: im Winter an einem sonnigen, warmen Ort leben, Ruhe zur Meditation, fit bleiben, selbstlosen Dienst leisten, »ich sehe kein spezielles Ziel«, Loslassen, den geistigen Weg fortsetzen ...

Das sind Beispiele aus Kursen, die aufzeigen sollen, wie farbig die Vorstellungen und Wünsche sein können. Geben Sie Ihren Visionen bitte genügend Zeit und Raum.

Ihr ganz persönliches Lebensbuch

Ein sehr reizvoller Ansatz, der eigenen Vision auf die Spur zu kommen, ist der Entwurf eines »Lebensbuchs«. Das ist einfacher, als es klingt. Sie brauchen nicht mehr als zehn bis zwanzig Zeilen zu schreiben, nämlich Titel und Inhaltsverzeichnis Ihres geplanten Bestsellers über Ihr Leben.

Das geht so:

- Überlegen Sie einen griffigen, interessanten, plakativen, rätselhaften oder sonstwie interessanten Titel, der Ihr Leben überschreiben könnte.
- Suchen Sie dann nach einem Untertitel, der gut verständlich und beschreibend ist.
- Danach überlegen Sie, welche sechs bis acht Stationen oder Entwicklungen in der Vergangenheit für Ihr Leben entscheidend waren und Wendepunkte oder Weichenstellungen bedeuteten. Diese Stationen versuchen Sie in jeweils einen Kurzsatz zu fassen, der gleichzeitig Ihre Kapitelüberschrift darstellt.
- Als nächstes überlegen Sie sich, wo Sie heute stehen, und geben diesem »Kind« einen Namen, also eine Überschrift.
- Schließlich folgen zwei bis drei Kapitel, in denen Sie Ihrer Phantasie freien Lauf lassen, um sich Ihre Zukunft auszumalen. Wieder finden Sie entsprechende Überschriften.

Und schon ist der Entwurf Ihres Lebensbuchs fertig!

Stephanie, eine Teilnehmerin einer meiner Kurse, ist eine wundervolle Pianistin. Sie spielt Klaviermusik vom Herzen, vor allem Schubert und alle möglichen Arten von Walzern (natürlich Strauß, aber auch Scott Joplin), unterrichtet Klavier und gibt selbst wundervolle Klangkurse, in denen man die eigene Stimme zu entdecken, sich besser zu erden und klarer auszudrücken lernt. Der Entwurf ihres Lebensbuchs sieht so aus:

Titel: *A Sound Life*
(Schwer zu übersetzen, *sound* heißt nämlich sowohl »Ton« und »Klang« als auch »gesund« und »ganz«.)
Untertitel: Die Reise einer Frau durch Musik und Klang zu Ganzheit und Heilung

1. Das Klavier und das Kind
2. In einer fremden Welt
3. Wie ich die fünfziger Jahre überlebte
4. Griechischer als die Griechen
5. Durch die Ehe segeln – schon wieder ...
6. Echtes Leiden
7. Geh nach Westen, aber nicht zu weit
8. Santa Fe: Die erwachende Stimme
9. Indien: die Mutter endlich gefunden
10. Die Mutter-Löwin
11. Kann ich das Klavier mit nach Hawaii nehmen?
12. Amazing Grace

Ahnen Sie, worum es sich in diesem Lebensbuch handelt? Im dritten Kapitel geht es um die engen Moralvorstellungen im Amerika der 50er Jahre, im vierten und fünften Kapitel um ihre Ehe mit einem Griechen, im sechsten um eine lebensbedrohliche Krankheit, vom siebten bis zum elften Kapitel findet Stephanie ihre spirituellen Wurzeln und ihre neue geographische Heimat, und im Schlußkapitel sieht sie ihr vollständiges Seelenerwachen als wundervolle Zukunftsvision.

Die drei Einsiedler und der Pope

Der Seelenquotient in den Mythen der Welt

Auf einem winzigen griechischen Inselchen – vielleicht hieß es Adelphoi, vielleicht anders – lebten drei alte Männer ganz allein. Die Jungen hatten schon vor vielen Jahren das Inselchen verlassen – gab es dort doch nichts anderes als ein paar grüne Sträucher, manche windschwache Obstbäumchen, uralte Weinstöcke und eine einzige Quelle. Sie versorgte die drei Alten, ihre wenigen Ziegen, die Weinstöcke sowie ihre kargen kleinen Felder mit dem lebensnotwendigen Naß.

Jeden Tag, den der Herrgott ihnen gab, sprachen sie ihr Gebet – früh morgens bei Sonnenaufgang, wenn sich die gleißende Sonne aus dem dunstigen Horizont in den Himmel erhob, und spät am Abend, wenn die rote Sonnenscheibe im dunkelblauen Meer versank.

Lesen und schreiben hatten sie nie gelernt, zur Schule waren sie nie gegangen, eine Kirche hatte es auf dem Inselchen nie gegeben. Nur ab und an – alle Jubeljahre – kam ein Pope mit dem Boot, um ein, zwei Tage zu bleiben und eine Messe zu lesen.

Das letzte Mal war schon länger her, als ihre Erinnerung reichte. Es mußte wohl stattgefunden haben, noch bevor die letzte Familie mit dem letzten Boot sich auf den Weg in eine vermeintlich bessere Zukunft gemacht hatte.

Also wußten sie nicht anders zu beten als: »Ich und ihr, wir sind eins, und Gott ist bei uns allezeit.« Ob dieses Gebet besser oder schlechter ist als andere – wer will das schon wissen. Immerhin, die alten Männer beteten regelmäßig und vergaßen es an keinem einzigen Tag. Und sie beteten so inbrünstig, daß der Patriarch hochselbst in der ikonengeschmückten und kuppelgekrönten Hochkirche von Konstantinopel die heilige Messe vor dem Kaiser nicht schöner hätte halten können.

Die werten Leser können ja dieses Gebet selbst einmal auf die Probe stellen und mögen versuchen, ob das Herz dadurch bis in seine innerste Tiefe bewegt wird und ob die Seele durch dieses Gebet in himmlische Höhen erhoben zu werden vermag. »Ich und ihr, wir sind eins, und Gott ist bei uns allezeit.«

Eines schlechten Tages – ja, das gibt es in diesen Geschichten natürlich auch, obwohl es selten erwähnt wird; wie wir alle wissen, aber nur ungern wahrhaben möchten, gibt es auch wenige schöne Tage – also, eines schlechten Tages peitschte ein Sturmwind das Meer wild auf, schwere Wolken verdüsterten den Himmel, als sich ein kleines Boot dem Inselchen (hieß es nun Adelphoi oder nicht?) näherte. Die Männer hatten trotz ihrer alten Augen und trotz des verdunkelten Horizonts früh bemerkt, daß sich – was für ein Wunder war das doch! – ihrem Inselchen ein Boot näherte.

Kurz und gut, um rascher zum Wesentlichen voranzudringen, das Boot warf Anker, und zwei Männer kamen hervor, der Bootsmann und ein Pope. Sie staksten durch das hüfthohe Wasser, hielten sich aneinander fest, um nicht in dem auch am Uferstreifen noch heftigen Wellengang auszugleiten und ihre Kleidung ganz zu durchnässen, und gingen an Land.

»Ich und ihr, wir sind eins, und Gott ist bei uns allezeit.« Mit diesem Gruß, fröhlich und liebevoll hervorgebracht (vielleicht ein bißchen unpassend angesichts der Unbilden des Wetters), hießen die drei alten Männer die beiden Neuankömmlinge willkommen. Sie geleiteten sie mit vielen Zeichen des Erstaunens über diesen unerwarteten Besuch und mit Ehrerbietung, vor allem für den Popen, in ihr bescheidenes Häuschen. Dort entfachten sie ein gemütliches Feuer, baten die Gäste, nahe am Ofen zu sitzen, entschuldigten sich umständlich dafür, daß sie ihnen leider nur heißen Traubensaft, Ziegenkäse und Weizenfladen anbieten konnten und wiederholten immer wieder gläubig und glücklich: »Ich und ihr, wir sind eins, und Gott ist bei uns allezeit.«

Der Kapitän erzählte, daß sie auf der Fahrt zu einer anderen, größeren Insel gewesen waren, wo der Pope eine neue Kirche hätte einweihen sollen, als sie vom Sturm überrascht worden waren. Nun wollten sie gern die angebotene Gastfreundschaft annehmen, abwarten, bis sich der Sturm in ein oder zwei Tagen gelegt haben würde, und dann wieder in See stechen.

Der Pope begann, die Männer nach diesem und jenen zu fragen, wovon sie lebten, ob sie als die einzigen Menschenseelen auf diesem Inselchen lebten, wann die letzten anderen fortgesegelt seien und so fort. Er verstand es auf gewandte Weise auch, sie höflich nach ihrem Glauben zu fragen. »Wir glauben an Gott und an die Menschen: Ich und ihr, wir sind eins, und Gott ist bei uns allezeit«, gaben sie zur Antwort.

Ja, natürlich seien sie einmal in der Kirche gewesen, bei einer richtigen Messe. Das war schon viele, viele Jahre her, als sie noch jung waren und auf einer Nachbarinsel gearbeitet hatten, wo es eine Kirche gab. Nein, an die Gebete aus der Kirche könnten sie sich leider nicht mehr erinnern. Der Pope möge gütigst Nachsicht haben, ihr Kopf sei nicht mehr so brauchbar wie einst. Sie vergäßen so manches ...

Der Pope fragte sie, ob sie denn ein richtiges Kirchengebet lernen wollten. Oh, nur allzugern! Ein richtiges Gebet? So, wie man es in einer richtigen Kirche sprechen würde? Oh, was für eine Freude leuchtete in den Gesichtern der Alten auf!

Am Abend und am ganzen nächsten Tag – das Wetter hatte sich noch nicht gebessert – mühte sich der Pope recht und schlecht, diesen freundlichen, aber doch recht ungebildeten alten Männern das *Vaterunser* beizubringen. Aber kaum hatten sie sich die ersten Worte gemerkt und gesprochen – »Vater unser, der du bist im Himmel ...« –, fielen sie wieder in ihr gewohntes Gebet zurück: »Ich und ihr, wir sind eins, und Gott ist bei uns allezeit.« Wie sich der Pope auch abmühte, wie sehr er seine Geduld auch strapazierte, es ging nur sehr mühevoll voran ...

Am Abend des nächsten Tages war es endlich soweit, daß sie das *Vater unser* zwar noch stockend, aber doch recht ordentlich hersagen konnten. Und wie sie sich freuten, als der Pope sie dazu beglückwünschte, daß sie nun ein richtiges Gebet kannten. Jetzt wären ihre Seelen doch immerhin auch ganz offiziell in der Obhut des Herrn.

Am nächsten Morgen hatte sich das Meer beruhigt, die Sonne ließ wie gewohnt ihre wärmenden Strahlen auf dem funkelnden Wasser spiegeln, und so brachen Kapitän und Pope wieder auf und stachen in See. Die drei alten Männer winkten ihnen vom Ufer her lange nach, während sie sich gegenseitig an die Worte des *Vaterunser* erinnerten.

Zu seinem Kummer mußte der Pope jedoch mit anhören, daß ihr Gedächtnis offensichtlich schon sehr angegriffen war. Immer wieder brachten sie die Zeilen durcheinander. Was konnte er nun noch tun? Er hatte sein Bestes gegeben, nun lag es am Herrn, die drei Alten weiter zu führen.

Voller Genugtuung über seine Mühen und erfüllt von Freude über den wunderschönen Morgen, ließ der Pope seinen Blick über das Meer schweifen, als sie davonsegelten – von links am Horizont nach rechts, von der größeren Insel in der Ferne zum kleinen Inselchen, wo sie eine so freundliche Aufnahme gefunden hatten.

Aber was war das? Es sah aus, als ob schwarze Pünktchen auf dem Meer zwischen ihrem Boot und dem Inselchen tanzten ... und die Punkte kamen näher und wurden immer größer.

Fast sah es aus, als ob Gestalten, die sich an den Händen hielten, ihrem Boot über das Meer nachliefen. Ja, in der Tat, es waren Menschen! Eine Fata Morgana, eine Spiegelung, eine Täuschung der Sinne?

Nein, es waren Menschen, es waren die drei Alten. Sie liefen geschwinde, wie man es ihrem gebrechlichen Alter gar nicht zugetraut hätte, winkend, rufend und nach Luft schnappend, dem Boot über das Wasser hinterher. Als sie in Hörweite waren, vernahm der

Pope, was sie riefen, während sie mir nichts, dir nichts über das Wasser liefen, als ob es Bretter hätte:

»Werter Herr Pope, so wartet doch, wir haben das Gebet, das Ihr uns beigebracht habt, leider schon wieder vergessen. So wartet doch, und nehmt Euch bitte einige Tage länger Zeit mit uns.«

Der Pope konnte ob des denkwürdigen Schauspiels nur seine Augen gen Himmel heben, das Kreuz schlagen und ihnen zurufen: »Liebe Brüder, für euch tut es nicht not, daß ihr die schwierigen Kirchenverse lernt. Bleibt nur getrost bei eurem eigenen Gebet.«

Ich und ihr, wir sind eins, und Gott ist bei uns allezeit.

8. Ethik als Sprungbrett zum SQ

Jede Generation hat ihre Rolle in der Geschichte.
Von allen Generationen vor uns haben wir wahre Schätze an
Träumen geerbt: Philosophien, Wahrheiten, Weisheiten und
Einsichten in den Sinn. Wir sind Zwerge, die auf den Schultern
ihrer großen Gedanken und ihrer edlen Taten stehen.
Der Auftrag und das Schicksal unserer Generation ist,
die Träume wahr zu machen.

Der »Rebbe«, Menachem Mendel Schneerson

Warum es ohne Ethik keinen Sinn und ohne Sinn keine Ethik geben kann, und wie man Idealen folgen kann, auch wenn man sie nie erreicht

Liebe, Hilfsbereitschaft, Wahrhaftigkeit und geistige Muße

»Ethik ist das Sprungbrett zur Spiritualität«, das pflegte Sant Kirpal Singh zu sagen. Und weiter: *»Es ist schwer, ein wahrer Mensch zu werden. Wenn man aber ein wahrer Mensch geworden ist, ist es nicht mehr schwer, Gott zu erkennen.«*

Was ist ein »wahrer Mensch«? Ein Mensch, der weiß, daß er einen Körper hat, aber nicht der Körper ist. Der weiß, daß er Gefühle und Gedanken erlebt, aber sich nicht so sehr mit ihnen identifiziert, daß er vergißt, daß er Seele bzw. Selbst ist. Ein Mensch, der sich darum bemüht, ethische Regeln des menschlichen Zusammenlebens einzuhalten. Welche Regeln? Zumindest jene, die er selbst für richtig hält; womöglich sogar jene, die überall als Ideale gelten. Was sind diese Regeln? Im jüdischen und christlichen Kulturraum die biblischen Zehn Gebote, im islamischen die Regeln des Korans, nach dem neuen Testament die beiden Gebote *»Liebe deinen Herren, deinen Gott«* und *»Liebe deinen Nächsten wie dich selbst.«* Erinnern wir uns an die Zehn Gebote (2. Mos.20, 1-17):

1. Ich bin der Herr, dein Gott. Du sollst keine anderen Götter haben neben mir. Du sollst dir kein Bildnis noch irgendein Gleichnis machen ... (Ich bin der Herr, dein Gott, der Barmherzigkeit erweist an vielen Tausenden, die mich lieben und meine Gebote halten).
2. Du sollst den Namen des Herrn, deines Gottes, nicht mißbrauchen ...
3. Gedenke des Sabbattages, daß du ihn heiligst ...
4. Du sollst deinen Vater und deine Mutter ehren ...
5. Du sollst nicht töten.
6. Du sollst nicht ehebrechen ...
7. Du sollst nicht stehlen ...
8. Du sollst nicht falsch Zeugnis reden wider deinen Nächsten.
9. Du sollst nicht begehren deines Nächsten Haus.
10. Du sollst nicht begehren deines Nächsten Weib, Knecht, Magd, Rind, Esel noch alles, was dein Nächster hat.

10-Tage-Programm mit den Zehn Geboten

Bemühen wir uns zehn Tage lang um diese Gebote, jeden Tag um ein anderes. Dazu müssen wir in keine Kirche gehen, und wir müssen auch keiner Gemeinschaft angehören. Am besten fangen Sie an einem Freitag an, damit der dritte Tag, der »Sabattag« auf einen Sonntag fällt, und dann ist es am wahrscheinlichsten für die meisten Berufstätigen, daß sie wirklich Muße halten können.

1. Tag: Wir denken heute mehrfach darüber nach und diskutieren vielleicht auch mit einem lieben Menschen: Wer oder was ist eigentlich unser »Gott«? Die Karriere, die Familie, die Gesundheit,

das Hobby, die Zigaretten, der Alkohol, das Ansehen, das Geld ...? Was steht an erster Stelle in unserem Leben?

2. Tag: Heutzutage führen vermutlich eher wenige Menschen den Namen Gottes im Munde oder im Sinn. Deshalb ist ein direkter Mißbrauch wohl auch wenig verbreitet. Deshalb nutzen wir diesen Tag dazu, immer wieder darüber nachzudenken, wie wir die höchste Wahrheit unseres Lebens und der gesamten Schöpfung eigentlich am besten bezeichnen und ehren können. Als »Gott« oder »kosmische Schöpferkraft«, als »Allah« oder »Buddha-Kraft«, als »Jahve« oder die »Große Mutter«, als »Liebe« oder »Leben« oder »Bewußt-Sein« oder wie sonst?

3. Tag: Heute halten wir still. Wir machen einen schönen, ruhigen Spaziergang, egal, wie das Wetter ist. Wir gehen in die Kirche oder in ein Konzert. Wir beten und/oder meditieren, mindestens eine halbe Stunde lang. Wir sitzen einfach still am Fenster, auf dem Balkon oder im Garten – und lassen das Nichts-Tun auf uns wirken, ebenfalls mindestens eine halbe Stunde lang.

4. Tag: Wir rufen unsere Eltern an, erkundigen uns, wie es ihnen geht, danken ihnen für ihre Liebe und Mühe während unserer Kindheit. Das können wir heute auch schreiben. Wenn beide Eltern nicht mehr leben, nehmen wir uns eine halbe Stunde Zeit, um ihnen in Gedanken all das zu sagen, was wir ihnen an Dank und Liebe mitteilen möchten.

5. Tag: Wenigstens heute sollten wir keinerlei Fleisch, Fisch, Geflügel oder Eier essen und auch keine Produkte, worin etwas davon enthalten ist. Denn das »Du sollst nicht töten« ist in den ursprünglichen Zehn Geboten ohne jede Einschränkung angeordnet worden!

6. Tag: Achten wir heute darauf, wie wir unsere Liebe zu unserem Partner noch schöner und inniger ausdrücken können. Achten wir

auch darauf, ob wir vielleicht auf einen abschüssigen Weg geraten sind, weil wir mehr an andere Partner denken als an denjenigen, mit dem wir zusammenleben.

7. Tag: Es geht natürlich auch darum, daß wir nichts »stehlen«. Aber das tun ja die wenigsten Menschen. Heute achten wir bewußt darauf, ob wir etwas nehmen oder nutzen, was uns genaugenommen nicht zusteht. Beispiele: ein Telefonat auf Betriebskosten führen, Büromaterial für Privatzwecke nutzen, die Vorfahrt eines anderen mißachten (man »stiehlt« dem anderen sein Recht) etc.

8. Tag: Heute bemühen wir uns besonders, keine abfälligen Bemerkungen über andere zu machen, uns nicht in leeres Geschwätz einzulassen, keine Gerüchte zu verbreiten oder anzuhören. Wir achten also auf absolute und liebevolle Wahrhaftigkeit. Und wenn wir etwas nicht genau wissen, sagen wir das klar.

9. Tag: An diesem Tag prüfen wir, ob in uns so etwas wie Neid aufkommt, wenn wir sehen, daß ein anderer Mensch komfortabler wohnt, ein größeres Haus hat, in einer »besseren« Wohngegend wohnt oder im Luxus lebt.

10. Tag: Am letzten Tag unseres 10-Tage-Programms stellen wir fest, ob wir Neid spüren in bezug auf anderen Besitz unserer Nachbarn oder Kollegen oder Menschen, über die wir in Illustrierten lesen oder im Fernsehen etwas sehen, sei es, daß es um Geld oder Autos geht, Angestellte oder einen attraktiven Partner.

Yoga

Im achtgliedrigen Raja-Yoga nach Patanjali gibt es ähnliche Gebote oder Ideale, nämlich *Yama* und *Niyama*. Erst wenn diese beiden eingeübt sind, folgen die weiteren sechs Schritte: *Asanas* (etwa: Körperübungen), *Pranayamas* (etwa: Atemübungen), *Pratyahara* (etwa: Zurückziehen der Aufmerksamkeit), *Dharana* (etwa: Konzentration), *Dhyana* (etwa: Meditation) und *Samadhi* (etwa: Erleuchtung).

Yama beinhaltet Nicht-Töten oder Gewaltlosigkeit, Wahrhaftigkeit, Nicht-Stehlen, Enthaltsamkeit oder Reinheit und Nicht-Annehmen (von Dingen, die einem nicht zustehen).

Niyama umfaßt innere und äußere Reinigung, Zufriedenheit, Genügsamkeit (oder Askese), Studium der heiligen Schriften und Gottesdienst.

Auch die christlichen Mystiker und Meister wie Hildegard von Bingen, Meister Eckhart, Theresa von Avila, Ignatius von Loyala, Angelus Silesius und viele andere haben immer wieder auf den unauflösbaren Zusammenhang zwischen geistiger Seelenentfaltung und irdischem Lebenswandel hingewiesen.

Ohne die Integration, in der sich hehre Ideale im Alltag bewähren müssen, bleibt jede vermeintlich spirituelle Bemühung eine Seifenblase. (Das schreibt jemand, dem diese Integration selbst die allergrößte Mühe bereitet und der leider selbst bei fast jedem Schritt stolpert oder hinfällt.)

Vielleicht kennen Sie die Zen-Geschichte von der Bettlerbrücke. Ein junger Mönch hat sich lange Zeit im Klosterleben bewährt, er hat studiert, meditiert und alle möglichen Arten von Diensten für die Gemeinschaft verrichtet. Er hat sogar wunderbare Satori-Erlebnisse. Nun wird er vom Abt unter die sogenannte Bettlerbrücke geschickt. Das ist dort, wo sich Obdachlose, Bettler, Landstreicher und Tagediebe ein Stelldichein geben. Dort soll er dann einige Wochen oder Monate lang unter schwierigeren Bedingungen als im Kloster beweisen, daß er weiterhin im Wesentlichen verankert bleibt und nicht vom Weg der Ethik und Spiritualität abweicht.

Für die meisten von uns ist aber bereits das »normale Alltagsleben« mit Beziehungsproblemen, Anforderungen durch Kinder, Streß im Beruf, Herausforderungen an die Geduld durch Kollegen, körperlichen Beschwerden und so fort unsere »Bettlerbrücke«.

Ohne Ethik wird es kein geistiges Erwachen für die innewohnende göttliche oder kosmische Schöpferkraft geben. Allerdings wäre es ein ziemlich fatales Mißverständnis zu glauben, daß Ethik allein bereits die Erlösung oder Erleuchtung sicherstellte. Ohne konkrete Erfahrungen, ohne Meditation und mystische Einkehr, ohne persönliches überkörperliches Erleben der geistigen Welten gibt es keine Spiritualität.

Ethik ist die Vorbereitung, das Pflügen des Bodens, das Düngen, Spiritualität ist das Einsäen von Samen, aus denen etwas erwächst. Der Boden ist notwendig, aber kann doch ganz allein noch keine Frucht tragen. Es braucht den Keim, aus dem etwas entsteht. Das Neue Testament spricht dieses Thema im Gleichnis von den Samenkörnern an, die von Christus in allen Menschen gesät werden. Aber je nachdem, auf welche Art von Boden sie fallen – hart und trocken, weich und feucht und so fort –, können sie gedeihen oder nicht.

Spiritualität ist das Erleben des inneren Lichts, ist die Erhebung über das Körperbewußtsein, ist der Eintritt in die höheren Welten, ist das Hören der ewigen Musik. Auch wenn ein Erlösermeister wie Christus – oder zuvor Buddha oder danach Mohammed oder andere – der Seele dieses Geschenk in Form von Ersterfahrung gibt, kann diese Saat doch verdorren, wenn nicht ein entsprechendes ethisches Leben den fruchtbaren Boden für das weitere Wachstum bildet.

Ethik und Spiritualität gehen also Hand in Hand, Ethik ist das Sprungbrett und die Voraussetzung, doch Spiritualität ist die Krone, die »unio mystica«. Diese Selbsterkenntnis und Gottverwirklichung führt weit über die Ethik hinaus – weil es sich dabei nicht mehr um ein irdisches Verhalten, sondern um ein inneres mystisches Erleben handelt.

Spiritualität in der Konfliktlösung

Echte Spiritualität beweist sich am stärksten in jeglicher Art von Konflikten und bei deren Lösung. Ob es in der Partnerschaft »knirscht und kracht«, ob es im Beruf um Arbeit oder Arbeitslosigkeit geht, um Karriere auf Kosten anderer oder gemeinsame Ziele, um Kampf gegen Konkurrenten oder friedliches Nebeneinander, ob es sich in der Gesellschaft um Verteilungskämpfe oder Gerechtigkeit für alle handelt, ob es um Krieg oder Frieden geht – immer sind die Herzensbildung, die wahre Kultur des bewußten Menschen, der Grad seines geistigen Erwachens Maßstab dafür, wie Konflikte entschieden werden.

Werden die Konflikte brutal durch die Macht der Stärkeren entschieden, mit den Folgen der Unterdrückung und des Leidens der Schwächeren sowie einem erneuten Ausbruch des Konflikts früher oder später? Oder geht es auch friedlich und gemeinschaftlich durch ein sinnvolles Miteinander, mit der Folge, daß größtmögliche Harmonie entsteht?

Gelebte Spiritualität in Konflikten bedeutet, daß wir folgende Einsichten haben und beherzigen:

- Auch der andere Mensch ist göttlichen Ursprungs, auch sein Leben ist von der großen Schöpferkraft gewollt. Auch er oder sie hat Rechte und Wünsche, Stärken und Schwächen. Auch er oder sie hat Anrecht auf seine bzw. ihre Schwächen und deren Lösung auf eigenen Wegen und im selbstgewählten Tempo.
- Wenn wir einen höheren Standpunkt einnehmen, werden wir in fast allen Fällen Lösungen finden, die beider Parteien Interesse berücksichtigen. (Mehr dazu in meinem Buch *Die Zukunftsdenker*, siehe Literaturhinweise im Anhang.)
- Bei allen Meinungsverschiedenheiten sollten wir uns nicht dazu hinreißen lassen, den anderen Menschen in seiner Würde abzuqualifizieren oder gar Haß gegen ihn zu entwickeln.

- Halten wir uns auch vor Augen, daß dieses Leben endlich ist. Was gewinnen wir, wenn wir uns jetzt »durchsetzen«? Mehr Seelenfrieden? Mehr Wahrheit? Mehr Liebe?
- Schließlich: In dieser Welt gilt das Gesetz von Ursache und Wirkung, von Aktion und Reaktion, von Handlung und Karma. Wir werden eines Tages für alles, was wir uns zu Unrecht angeeignet haben, für alles, was wir lieblos oder aggressiv gedacht, gefühlt, gesagt und getan haben, zur Rechenschaft gezogen.

Wenn uns vielleicht noch nicht die aufrichtige Liebe zum Mitmenschen durchdringt und als Ansporn für gemeinschaftliche Konfliktlösungen dient, so kann uns doch vielleicht die Bewußtheit darüber, daß wir uns eines Tages verantworten müssen, davon abhalten, allzuviel Unfug anzustellen.

Liebe bedeutet nicht, immer einer Meinung zu sein oder um des lieben Friedens willen fünf gerade sein zu lassen. Liebe heißt, daß wir unseren Standpunkt sehen und liebevoll vertreten, aber ohne den anderen zu verletzen (schon gar nicht absichtlich!), und uns keine unangemessenen Vorteile verschaffen (zumindest an unseren eigenen Maßstäben gemessen!).

Liebe heißt übrigens auch nicht, sich bei Angriffen nicht zu verteidigen. Man müßte schon die Gottesverbindung eines Jesus haben oder zumindest die Statur eines Gandhi, um stets die andere Wange hinhalten zu können. Das bleibt für uns Durchschnittsmenschen wohl ein unerreichbares Ideal. Es sollte uns indes nicht daran hindern, friedliche Konfliktlösungen zu suchen.

Wann sind wir eigentlich wahre Christen? Doch wohl erst dann, wenn wir in Wort und Tat das Gebot Jesu Christi einhalten, das er nach dem Johannes-Evangelium (Jh 13, 34–35) so gegeben hat:

> Ein neues Gebot gebe ich euch: daß ihr euch untereinander liebt, wie ich euch geliebt habe, damit auch ihr einander liebhabt. Daran wird jedermann erkennen, daß ihr meine Jünger seid: daß ihr Liebe untereinander habt.

An dieser Meßlatte geschätzt: Wie viele wahre Christen gibt es wohl unter uns, in unseren seit bald zweitausend Jahren »christlich« geprägten Ländern? Offensichtlich nur sehr wenige, sonst würden sich doch wenigstens die »christlichen« Länder untereinander nicht immer wieder grausam und blutig befehden!

Warum sollte dieses Gebot Christi für Politik und Wirtschaft, Kultur und Gesellschaft nicht genauso gelten wie im Privatleben? Warum neigen wir zu der merkwürdig schizophrenen Einstellung, daß Ethik und Ideale für die private Idylle angemessen seien, aber im größeren Rahmen nichts zu suchen hätten?

Spiritualität heißt, es für möglich zu halten, daß diese Welt nicht nur eine Straf- und Besserungsanstalt sein muß, sondern zu einem wahren Paradies werden kann – wenn wir bei uns selbst anfangen. Spirituell zu werden bedeutet, aktiv daran mitzuarbeiten, daß wir das sogenannte »Goldene Zeitalter« einleiten, eine Epoche des *think globally, act locally* (denke global, handle lokal), eine Zeit der Bemühung um sogenannte Wins-wins-Situationen, in denen alle Beteiligten profitieren. Wenn wir damit nicht anfangen, wer wird das sonst tun? Wenn jetzt nicht die Zeit für den Neubeginn ist, wann dann?

Vorschlag für ein Monatsprogramm

Dieser Vorschlag geht zurück auf den 1-Wochen-Test, den Sie auf Seite 117 finden. Vier Wochen stehen jeweils unter einem speziellen Motto: Wahrhaftigkeit, Hilfsbereitschaft, Liebe oder Stillehalten. Das sind vier wunderbare Sprungbretter und gleichzeitig notwendige Grundlagen für die Entwicklung des vollen Potentials unserer gesamten Persönlichkeit.

Wenn ich ständig – aus Gewohnheit, Unachtsamkeit oder absichtlich – die Unwahrheit sage, blockiert das meine Kreativität. Ich werde anfangen, mich auch selbst zu beschwindeln darüber, wer ich bin und was ich kann. Das wird früher oder später zu Spannungen im Zusammenleben mit anderen Menschen führen, in Familie und Beruf. Und ich werde wohl auch im Gebet nicht leicht erhört werden können und in der Meditation nur schwer vorankommen. Wenn ich Wahrhaftigkeit dagegen zu meiner zweiten Natur mache, werden sich andere Menschen auf mich verlassen können, ich erwecke keine falschen Hoffnungen und trage aktiv dazu bei, daß wir offen miteinander umgehen in einer Atmosphäre der Aufrichtigkeit.

Wenn ich keine natürliche Hilfsbereitschaft entwickelt habe, fehlt mir ein wesentlicher Teil der Integration zur Ganzheit. Kein Mensch ist eine Insel, niemand kann ganz ohne andere Menschen leben. Unsere Eltern haben uns jahrelang genährt und gehegt, bis wir auf eigenen Füßen stehen konnten. Wenn wir beginnen, mit anderen zu teilen – unsere Aufmerksamkeit, unsere finanziellen Mittel und unsere körperlichen Kräfte –, dann fließt die Kraft der Liebe, dann entwickelt sich wahre Menschlichkeit. Dann erkennen wir in der Alltagspraxis an, daß auch in anderen Menschen dieselbe höhere Seelenkraft wirkt und daß auch der Nächste dasselbe Recht auf Hilfe und Glück hat wie wir.

Liebe ist die höchste Kraft in der Schöpfung. Wenn alle anderen Kräfte versagen, hilft die Liebe weiter – zwischen Menschen, im Gebet, in der Meditation. Wir sind meist so geprägt, daß allein der Gebrauch des Begriffs Liebe außerhalb der erotischen Beziehung zwischen Partnern und der Zuwendung von Eltern zu Kindern uns arg befremdet. Wer spricht schon von Liebe im Berufs- und Arbeitsleben, bei Wirtschaftsvorgängen oder Finanztransaktionen? Wer spricht von Liebe bei Personalfragen oder Tarifverhandlungen? In dem Abschnitt über Spiritualität und Konfliktlösung sind dazu ja einige Überlegungen angestellt worden. Und doch ist Liebe zwischen Menschen das beste »Schmiermittel« in allen Lebensbereichen und gleichzeitig die höchste spirituelle Kraft. Angelus Silesius sagte im »Cherubinischen Wandersmann«:

Der nächste Weg zu Gott ist durch der Liebe Tür;
Der Weg der Wissenschaft bringt dich gar langsam für.

Der Mangel an Liebe ist die Hauptursache für Mord und Totschlag, Krieg und Ausbeutung, Unterdrückung und Feindseligkeit, Schwierigkeiten am Arbeitsplatz und in der Familie. Also müssen wir ständig daran arbeiten, mehr Liebe zu entfalten und strömen zu lassen, und noch mehr, und noch mehr, auch wenn wir das Ideal einer vollkommenen Liebe wahrscheinlich nie ganz verwirklichen können. »Agape« und »Minne« sind Worte, mit denen man früher versucht hat, das Ideal einer nichterotischen Liebe auszudrücken.

Stillehalten – was soll das mit der Entwicklung der Persönlichkeit zu tun haben? Sehr viel! Unsere Industrie- und Informationsgesellschaft zieht und zerrt ständig an uns allen. Wie viele Menschen beklagen sich über Streß, wie viele leiden unter Konzentrationsstörungen, wie vielen ist das Wesentliche aus dem bewußten Blick geraten? Achten wir deshalb einmal gezielt darauf, mehr Muße zu üben, regelrecht zu trainieren. Das kann durch Spaziergänge geschehen, durch einen Konzertbesuch (besser als Theater, weil man sich dabei ganz auf eine Tätigkeit, das Hören, konzentrieren kann), durch ruhige Lesestunden und natürlich am besten durch stille Meditation.

Fangen Sie an einem beliebigen Monatsersten damit an, wie in den folgenden Beispielen gezeigt. Tragen Sie am Ende eines Tages ein, an wie viele positive oder negative Impulse, Worte oder Handlungen Sie sich erinnern. Es geht nicht um die exakte Anzahl, sondern um die Schärfung unseres Bewußtseins.

1. Woche: Wahrhaftigkeit

Ich achte darauf, Wahrhaftigkeit in Gedanken, Worten und Taten zu üben. (Negative Impulse entstehen durch Unwahrhaftigkeit in Gedanken, Worten und Taten.)

	Absichtliche Fehler	Gewohnheitsfehler	Wahrhaftigkeit eingehalten trotz schwieriger Umstände
1. Tag			
2. Tag			
3. Tag			
4. Tag			
5. Tag			
6. Tag			
7. Tag			

2. Woche: Hilfsbereitschaft

Ich achte darauf, Hilfsbereitschaft im Gespräch, durch finanzielle Hilfe und durch Handlungen zu entwickeln. (Negative Impulse entstehen durch Verweigerung von Gespräch, finanzieller Hilfe und hilfreichen Handlungen.)

	Versäumnisse der Hilfsbereitschaft	Hilfsbereitschaft ausgeübt in		
		Worten	Geld	Taten
8. Tag				
9. Tag				
10. Tag				
11. Tag				
12. Tag				
13. Tag				
14. Tag				

3. Woche: Liebe

Ich achte darauf, Liebe in Gedanken, Worten und Taten zu üben. (Negative Impulse wären Aggressionen oder auch nur Lieblosigkeit in Gedanken, Worten und Taten.)

	Unachtsame Fehler	Absichtliche Lieblosigkeit	Bewußte Bemühung um liebevolle (Re-)Aktion
15. Tag			
16. Tag			
17. Tag			
18. Tag			
19. Tag			
20. Tag			
21. Tag			

4. Woche: Stillehalten

Ich nehme mir Zeit, Muße durch bewußtes Naturerleben, Lesen guter Bücher, Konzertbesuche, Gebet und Meditation zu pflegen. (Negative Impulse wären Streß, sich dahintreiben zu lassen und Hetze.)

	Hetze aus Gewohnheit	Bewußt gewählter Streß	Stunden (Minuten?) der bewußten Muße
22. Tag			
23. Tag			
24. Tag			
25. Tag			
26. Tag			
27. Tag			
28. Tag			

Nach diesem Monat werden Sie sicher deutlich bewußter leben. Sie werden feststellen, welche der vier Einstellungen und Verhaltensweisen – Wahrhaftigkeit, Hilfsbereitschaft, Liebe und Stillehalten – Ihnen leichterfällt und wo Sie mehr Probleme haben. Darauf können Sie dann ja gezielter achten.

Es kommt übrigens auch nicht darauf an, daß Sie genau dieses Monatsprogramm durchführen. Wichtig ist vielmehr, daß Sie sich überhaupt irgendeinen Plan zurechtlegen, um Ihre Entfaltung bewußt zu fördern, um alte Blockaden aufzulösen und neue Energien zu aktivieren, und daß Sie sich Gedanken über Ihre Lebensziele, über das machen, was für Sie erstrebenswert ist.

Mit der Persönlichkeitsentwicklung ist es leider wie mit dem Haushalt: Die Arbeit geht nie aus. Ständig muß Geschirr gespült, Wäsche gewaschen und irgend etwas aufgeräumt werden. Laufend müssen wir überprüfen, ob wir noch »auf Kurs« sind, ob wir alte Probleme endlich gelöst oder losgelassen haben, ob wir noch die richtigen Ziele verfolgen, ob und wie wir heute neue Impulse aufnehmen und verarbeiten.

Aber wenn wir stehenbleiben, wenn wir uns nicht mehr entwickelten, wenn alles ins Stocken käme – was wäre dann? Der Mensch muß sich entwickeln, solange er lebt. Wenn er sich in keiner Hinsicht mehr entwickeln kann, tritt der Tod ein. Es macht also Sinn, sich flexibel zu halten an Körper, Geist und Seele, damit wir unsere begrenzte Zeitspanne gut nutzen können, damit wir noch während des Lebens in die Räume des ewigen Geistes vorstoßen. Wer weiß schon, was danach kommt?

Die freie Wahl

Der Seelenquotient in den Mythen der Welt

Ein König in einem gar nicht so fernen Reiche – und es ist noch nicht einmal allzu lange her – ließ von seinen Herolden im ganzen Land verkünden, daß er an einem ganz besonderen Festtage alle seine Schätze auf dem größten Markt- und Festplatz der Königsstadt ausbreiten lassen würde. Jeder Bürger und jede Bürgerin dürfte sich – nach gebührlicher Betrachtung all der Schätze und gründlicher Überlegung – das als sein Geschenk nehmen, was ihnen am meisten zusagte. Von Sonnenaufgang bis Sonnenuntergang sollte dieses Spektakel dauern.

Was gab das in den nächsten Wochen bis zum verheißungsvollen Tage für ein Getuschel und Gerede, in den Familien und den Wirtshäusern, auf dem Markt und während der Arbeit auf dem Felde!

Meinte der König es wirklich ernst? Oder würde er nur Talmi zur Schau stellen? Wie konnte er überhaupt auf einen solchen Gedanken kommen? Hatte man je schon einmal so etwas gehört: ein König, der mit seinen Schätzen nicht nur prunken wollte, sondern sie sogar seinen Untertanen als Geschenk überlassen wollte? Unerhört – wie aufregend, was es da allein zu sehen geben würde!

Der Festtag war herangekommen, die Palastdiener hatten am Tage zuvor und noch in der Nacht die Schätze aus den königlichen Kammern hervorgeholt und ausgebreitet. Schon vor Morgengrauen standen manche Bürger erwartungsvoll am Rande des großen Marktplatzes, um die ersten zu sein, die sich etwas als Geschenk aussuchen durften.

Als die hellen Strahlen der frühen Sonne am Horizont auftauchten, da begann es auf dem Marktplatz nur so zu funkeln und zu blitzen: Kristallüster und mit glänzender Bronze beschlagenes Zaumzeug, kostbare Gläser und noch wertvollere Geschmeide warfen den Sonnenschein vieltausendfach zurück.

Der König hatte Wort gehalten: Die wunderbarsten Kunstwerke, die teuersten Juwelen, das erlesenste Silberbesteck und noch viel mehr, so viel, daß allein die Aufzählung eines ganzen Buches bedürfte – denn dieser König hatte viele Untertanen, die er beschenken wollte und auch konnte –, also all das verzauberte die Menge immer stärker, je mehr sie davon sahen. Sogar die Krone war auf einem besonderen Podest in der Mitte des Platzes aufgestellt – ob wirklich als Geschenk, wissen wir allerdings nicht. Denn es traute sich keiner, darum zu bitten – und erst dann hätten wir ja erfahren, wie ernst es der König mit der Zurschaustellung seiner Krone wirklich gemeint hatte.

Den ganzen Tag über herrschte ein buntes, fröhliches Treiben. Menschen kamen, staunten über die Pracht, entschlossen sich nach langem Hin und Her für dieses oder jenes und gingen beglückt von dannen. Einige hielten nach dem König Ausschau, um sich persönlich bei ihm für seine Hochherzigkeit und Freigebigkeit zu bedanken. Er saß mit seinen Ministern unter einem Zelt am Rande des Marktplatzes, sah dem seltenen Schauspiel zu, erfrischte sich ab und zu an einem kühlenden Getränk – es war immerhin Sommer in einem warmen Land – und freute sich besonders, wenn ein Bürger oder eine Bürgerin ihm die Aufwartung machte, um sich mit vielen Bücklingen gebührend zu bedanken.

Der Tag neigte sich langsam dem Abend zu, und noch waren unzählig viele Schätze vorhanden. Der Marktplatz leerte sich zusehends, nur eine junge Frau ging immer noch wie suchend und prüfend durch die aufgereihten Wunderdinge. Der König sah dies und schickte einen seiner Minister zu ihr. Er sollte sie daran erinnern, daß sie sich bis zum Sonnenuntergang für eine Gabe entscheiden müßte, sonst würde sie am Ende noch leer ausgehen. Und das wollte sie doch sicher nicht, oder? Der Minister ging also zu ihr und teilte ihr dies mit. Sie wollte sich indes vergewissern, ob denn wirklich alles zur Wahl stünde. »Sicher doch«, antwortete ihr der Minister, aber sie dürfe sich nur für einen einzigen Schatz entscheiden und müsse sich nun doch mit ihrer Wahl beeilen, da die Sonnenscheibe begann, groß und rötlich zu werden, wie es eben am Abend so üblich ist.

Die junge Frau streifte weiterhin wie ziellos über den Platz, kam schließlich zum Zelt und erblickte dort den König. Er richtete nun seinerseits das Wort an sie und sagte: »Liebe Tochter, du mußt dich wirklich bald entscheiden. Die Sonne schickt sich an, ihr Licht verlöschen zu lassen.«

Daraufhin fragte sie auch den König: »Steht denn wirklich alles zur Wahl, was hier auf dem Marktplatz ist?« – »Ja, du hättest meinem Minister ruhig glauben können. Du hast doch gesehen, daß all die anderen Bürger ihre Wahl getroffen und das, was sie sich wünschten, auch erhalten haben. Nun treffe auch du deine Wahl.«

Nun trat die junge Frau näher zum König hin und fragte ihn: »Du bist auch auf dem Marktplatz, nicht wahr?« – »Ja sicherlich, aber du hast nur noch wenige Momente Zeit, dich zu entscheiden.« Da legte die junge Frau ihre Hand auf den Kopf des Königs – sanft und in aller Demut, mit gesenktem Kopf – und sprach: »Nun gut, dann wähle ich dich, o König, der du auch auf dem Marktplatz bist.«

Der König ergriff die Hände der jungen Frau und rief aus: »Du bist die erste und die einzige, die den Gebenden mehr zu schätzen weiß als die noch so reichlichen Gaben. Das wird dir zu großem Segen gereichen. Denn wer den Gebenden wählt, erhält seine Gabe als Beiwerk dazu.«

»Trachtet erst nach dem Reich Gottes, und dann wird euch alles andere dazugegeben«, sagte die christliche Heilige Schrift.

Und wenn der König nicht gestorben ist – und dafür spricht eigentlich überhaupt nichts –, dann lädt er noch heute, gerade jetzt, jedermann und jederfrau und auch dich und mich ein, sich das als Geschenk zu wählen, was wir am liebsten hätten.

9. Haltung als Spiegel des SQ

Wenn du lachst, riskierst du vielleicht, als Narr zu gelten.

Wenn du weinst, riskierst du, sentimental zu wirken.

Wenn du auf einen anderen Menschen zugehst, riskierst du, dich zu engagieren. Wenn du deine Gefühle zeigst, riskierst du, dein wahres Ich zu zeigen.

Wenn du deine Gedanken, deine Ziele oder deine Träume mit anderen Menschen teilst, riskierst du, sie zu verlieren.

Zu lieben bedeutet zu riskieren, daß du nicht wiedergeliebt wirst.

Zu lieben heißt, Sterben zu riskieren. Zu hoffen heißt, Entmutigung zu riskieren. Zu versuchen heißt, Mißerfolg zu riskieren. Aber: Wir alle wissen, daß wir etwas riskieren müssen. Denn die größte Gefahr im Leben ist, nichts zu unternehmen, nichts zu fühlen, nichts zu riskieren, nicht zu leben. Der Mensch, der nichts riskiert, tut nichts, hat nichts und ist nichts. Damit können wir zwar vielleicht Sorgen und Leiden vermeiden, aber wir werden einfach auch nicht lernen, spüren, uns wandeln, wachsen, lieben ... und noch nicht einmal wirklich leben. Wir werden dann durch die Sicherheiten der Vergangenheit und durch Muster gefesselt, die sich nicht in der Wirklichkeit haben bewähren müssen. Wir werden Sklave eines befürchteten Versagens oder der Mittelmäßigkeit. Wir geben unser Recht auf Erfolg und Erfüllung auf. Nur ein Mensch, der etwas riskiert, ist frei, Erfüllung zu finden.

Wie hat das Leben Sie gemeint?

Die innere und äußere Haltung ist ein sehr deutlicher Spiegel unseres Seelenbewußtseins. Gleichzeitig dient eine gezielt eingenommene Haltung aber auch als Hilfe, um das persönliche Potential voll zu entfalten. Ich habe das in Kursen und in der Arbeit an gemeinsamen Büchern zum Thema *Alta Major* mit Divo Koeppen selbst immer wieder erleben dürfen. Alta Major ist eine von Divo entwickelte besondere Form von psychosomatisch hochwirksamen Bewußtseins- und Erfahrungsübungen der körperlichen Aufrichtung und der inneren Aufrichtigkeit sich selbst gegenüber. Für diesen wertvollen Beitrag zur geistigen Entwicklung bin ich sehr dankbar. Dieser Abschnitt will und kann ihre langjährigen Erfahrungen und Einsichten nicht beschreiben. Statt dessen gebe ich kurze Hinweise zu den Grundlagen und schlage Ihnen dann einige leichte Einstiegsübungen vor.

- Wenn wir äußerlich aufrecht stehen und sitzen, arbeiten Körper und Gemüt unbeschwerter und ausgeglichener. Atmung und Blutfluß können frei strömen, wir fühlen uns vergleichsweise wohl.
- Gleichzeitig fühlen wir uns psychosomatisch wacher, energiegeladener und harmonischer.
- Wenn wir innerlich aufrichtig sind – uns selbst gegenüber und der Umwelt –, so fühlen wir uns gelassener, selbstsicherer und unbeschwerter.
- Und wenn wir die innere und äußere Aufrichtung dann noch von einer Vision von geistigen Idealen tragen lassen, so gehen wir wacher, bewußter, liebevoller, schöpferischer, geduldiger, erfolgreicher und erfüllter durch unser manchmal doch recht seltsames Leben.

Früher galt in der Gesellschaft ein Ausdruck, der inzwischen verpönt ist, auch weil er mißbraucht wurde, um Dinge unter den Tisch zu kehren: »Haltung bewahren!« Eine amerikanische Mausunterlage für die Arbeit am Computer trägt die Aufschrift: »Haltung ist eine kleine Sache, die einen großen Unterschied macht!« Innere und äußere Aufrichtung und Haltung kann man üben. Hier finden Sie Vorschläge dazu.

Einfache Übungen, um die Vision der Seele im Alltag zu leben

Wir können die beiden folgenden Kurzübungen im Sitzen oder Stehen durchführen. Wenn wir sitzen, sollten wir uns nicht mit dem Rücken anlehnen. Es geht nicht um optimale Resultate, sondern darum, daß Sie selbst spüren, ob und wie groß der Unterschied für Ihr Befinden ist, wenn Sie bewußt auf Ihre innere und äußere Haltung achten. Die Übungen dauern jeweils nur zwei bis drei Minuten.

Übungen zur Aufrichtung

Wenn Sie sitzen, schließen Sie bitte die Augen, nachdem Sie den jeweiligen Textabschnitt gelesen haben; im Stehen sollten Sie sie offenlassen, falls Sie sich sonst unsicher und wie aus dem Gleichgewicht gebracht fühlen. Nehmen Sie sich die Zeit, nach innen zu spüren.

1. Übung
- Wie möchten Sie als Mensch sein? Sicher, offen, gelassen, frei, sensibel, lebensfroh? Oder unsicher, verschlossen, angespannt, gefangen, hart, mühebeladen?
- Welche innere Haltung entspricht Ihrer Wahl?
- Welche äußere Haltung bringt das, was Sie am liebsten möchten, am besten zum Ausdruck?

2. Übung

- Probieren Sie als nächstes bitte, die Schultern leicht hochzuheben und nach hinten und unten herunterfallen oder -rollen zu lassen.
- Öffnen Sie dabei Ihren Brustraum, indem Sie Ihre Schulterblätter hinten leicht zueinander führen.
- Dehnen Sie leicht Ihren Nacken oder recken Sie ihn nach oben, als ob ein Faden Ihren Hinterkopf etwas hochziehen würde, wobei Kinn und Nase eher zur Brust zeigen.

Wie fühlen Sie sich nach diesen beiden Kurzübungen? Anders? Ungewohnt? Besser? Wie schon gesagt, eine Alta-Major-Sitzung oder ein Seminar bringt wesentlich mehr als ein solches erstes Einspüren. Nun zu weiteren Kurzübungen, die Sie am besten im Sitzen durchführen. Die Augen sollten Sie ruhig schließen.

Übungen, um mehr in die eigene Mitte zu finden

Die Überlebensmitte: Beckenraum

Spüren Sie in den Beckenraum hinein. Ist er so und sitzen Sie so, daß Sie sich dort sicher niederlassen können? Oder wollen Sie mit sachten Bewegungen Ihre Sitzhaltung korrigieren und optimieren? Wie stützen Gesäß, Beckenknochen und das Ende der Wirbelsäule Ihre aufrechte und dabei entspannte Sitzhaltung am besten?

Die körperliche Erdmitte: Hara

Legen Sie beide Handflächen sanft und leicht auf den Unterbauch, auf und unterhalb des Bauchnabels. Atmen Sie tief ein, in den Bauch und in die Hände hinein – das mag ungewohnt sein, weil wir meist nur in den oberen Brustraum einatmen, nicht aber in den Bauch. Doch das geht wirklich. Spüren Sie nun, wie sich beide Handflächen beim tiefen Einatmen ein wenig oder deutlich heben. Spüren wir, wie wir dort getragen werden? Experimentieren wir mit der Haltung von Wirbelsäule und Schultern, ob wir sie noch angenehmer, aufrechter und zugleich harmonischer halten können, wenn wir uns in dieses Zentrum einlassen.

Die Angstmitte: Solarplexus

Das sogenannte Emotionalzentrum ist der Ort, an dem wir die berühmten »Schmetterlinge« flattern spüren, wenn wir verliebt sind, an dem wir den Adrenalinstoß merken, wenn etwas Aufregendes passiert. Legen wir beide Handflächen sanft dort auf den Oberbauch – zwischen Bauchnabel und Rippenbogen –, und atmen wir dort mehrere Male tief hinein.

Probieren wir, ob und was wir dort spüren, wenn wir die Schultern leicht nach hinten nehmen und so den Brustraum mehr öffnen. Versuchen wir auch, ob wir uns im Solarplexus anders bzw. besser fühlen, wenn wir leicht den Nacken dehnen.

Die Herzmitte: Herzzentrum

Legen Sie beide Hände mit den Handflächen zum Körper sanft auf die Mitte des Brustraums, auf das Brustbein. Sprechen Sie wortlos in Gedanken oder halblaut – was Ihnen lieber ist – mindestens zwanzigmal die Worte »Ich bin ... ich bin ... ich bin ...«

Während Sie das »Ich bin« wiederholen, probieren Sie bitte, ob eine weitere Öffnung des Brustraums (indem Sie die Schulterblätter hinten noch etwas mehr nach unten und zusammenführen) »Ich bin« noch wesentlicher und wirksamer werden läßt. Bitte versuchen Sie, das wirklich liebevoll zu sagen, halblaut oder nur in Gedanken.

Die Ausdrucksmitte: Kehlkopfzentrum

Legen Sie beide Hände wie Kelche links und rechts ganz locker und gewölbt an Ihren Hals, dort wo die Mandeln sind (bzw. waren), so daß viel Luft dazwischen ist.

Experimentieren Sie nun – sehr behutsam, nicht mit Gewalt! –, wie Sie sich dort fühlen, wenn Sie Hals und Nacken nach hinten »knicken«, also mit Nase und Kinn nach oben in die Luft zeigen. Und wie fühlen Sie sich, wenn der Nacken leicht gedehnt wird,

Nase und Kinn eher sanft nach unten oder geradeaus zeigen? Finden Sie die Haltung Ihres Kopfes, der Ihrem schönsten oder höchsten Selbstbild am ehesten entspricht.

Die Bewußtseinsmitte: drittes Auge
Nun spüren Sie – wieder mit geschlossenen Augen – in Ihren Kopf hinein, an die Stelle hinter und zwischen den Augenbrauen. Dort ist das sogenannte »dritte Auge« oder »Einzelauge«, was manchmal auch als »Sitz der Seele« bezeichnet wird. Wie sehen Sie sich in Ihren kühnsten Träumen, in Ihren lichtvollsten Momenten, in Ihren wundervollsten Augenblicken? Als Welle der kosmischen Energie, als Funke der ewigen Schöpferkraft? Oder wie sonst?

Wenn Sie zu einem Bild gelangen, das Sie erfüllt, nehmen Sie jetzt im ganzen Körper die Haltung ein, welche diesem Bild am besten entspricht und seine Energie am klarsten zum Ausdruck bringt.

Rose und Buddha

Divo bringt immer zwei wunderhübsche Gegenstände in ihre Kurse mit. Der eine ist eine hochgewachsene Rose. Das größte »Gewicht« ist oben, an der gerade aufgehenden Blütenknospe. Der Stiel ragt zum Himmelslicht empor und trägt dieses Gewicht aus einer inneren Kraft heraus. Der zweite Gegenstand ist ein sitzender Buddha. Er ruht in sich selbst, sein Rücken ist aufrecht, ohne verspannt zu sein. Sein Ausdruck ist aufrichtig, verinnerlicht und gleichzeitig gütig, ohne aufgesetzt zu wirken.

Rose und Buddha – zwei Sinnbilder der innerlichen und äußerlichen Aufrichtung und Aufrichtigkeit, die zugleich Wesentlichkeit und umfassende Harmonie ausstrahlen, irdisches Ganz-hier-Sein und himmlisches Ganz-von-dort-Leben.

Buddha und der Asket

Der Seelenquotient in den Mythen der Welt

Ein Asket forderte eines Tages Buddha heraus zu beweisen, daß er spirituell genauso weit entwickelt sei wie der Buddha selbst und an nichts in der Welt mehr haftete und daß er immer und unter allen Umständen in Glückseligkeit bleiben könnte.

Prinz Gautama – denn der Buddha war ja als Prinz im Geschlecht der Sakyer geboren, wie wir wissen – wollte sich auf solche recht kindischen Vergleiche und vermeintlichen Prüfungen nicht einlassen. Der Asket beharrte jedoch so hartnäckig auf seinem Wunsch, daß Buddha schließlich einwilligte.

»Nun gut, also abgemacht, ich unterziehe mich allen Prüfungen, die du dir ausdenkst, und bist du dann bereit, dich auf eine kleine Prüfung einzulassen, die ich dir anbiete?«

So setzte sich der Asket in die Wüste unter glühender Sonne zwischen vier Feuer und forderte den Buddha auf, es ihm gleichzutun. Der Buddha nahm gelassen Platz und zeigte auch nach Stunden keinerlei Anzeichen von Unwohlsein.

Dann führte der Asket den Buddha nächtens in einen Dschungel voller wilder Tiere, voller gefährlicher Tiger und giftiger Schlangen. Auch hier zeigte sich der Buddha in seiner Gelassenheit dem Asketen als ebenbürtig.

Als letzte Prüfung verharrten beide ohne Kleidung schweigend auf eisigen Schneebergen des Himalayas im Winter, dort, wo der sagenhafte Yeti umging. Erneut blieb der Buddha voller Anmut und Seligkeit.

Der Asket erkannte schließlich an, daß der Buddha der Welt entsagt hatte und wie er selbst unter allen Umständen seinen Gleichmut zu bewahren wußte.

Nun lud der Buddha den Asketen ein, ihn doch in einigen Tagen erst einmal zu besuchen, bevor er ihm seine Prüfung auferlegen wollte.

Als der Asket beim Palast des Prinzen Gautama ankam, saß der Buddha auf einem goldenen Thron. Hinter ihm standen hübsche junge Frauen, die ihm Luft zufächelten, andere Schönheiten reichten ihm die erlesensten Früchte Indiens und den süßesten Nektar, zwei junge Frauen massierten und salbten seine Füße.

Als der Asket das alles mit ansehen mußte, raufte er sich die Haare und rief aus: »O du Unseliger, wie kannst du dich den Annehmlichkeiten des weltlichen Lebens hingeben und all deine Tugenden verlieren?«

Schnurstracks kehrte er um und lief geradewegs zum Tor des Palastes, um aus diesem Sündenpfuhl so schnell wie möglich wieder herauszukommen.

Der Buddha rief ihm nach: »Lieber Freund, hatten wir nicht darin übereingestimmt, daß derjenige der Welt entsagt habe, der unter *allen* Umständen seine Glückseligkeit bewahren könne?«

Nicht äußere Askese ist ein Zeichen für Spiritualität, sondern völlige innere Ungebundenheit.

10. Meditation als Weg zum SQ

Drei von zehn Menschen bejahen das diesseitige Leben.
Drei von zehn bejahen das jenseitige Leben.
Drei von zehn verneinen das Leben und fürchten den Tod.
Diese neun sehen nur das äußere Leben und verfallen dem Tod.
Der zehnte aber, der Weise, schreitet durch das äußere Leben
ohne Ja oder Nein, ohne Gier oder Furcht, des inneren Lebens gewiß.

Lao Tse

Entdecken Sie die Kraft Ihres SQ

Ist die Welt nicht wie ein Haus, in dem Licht brennt, das durch viele verschiedene Fenster nach außen dringt? Das Licht ist die geheimnisvolle Kraft, die alles irdische Leben macht, erhält und wieder auflöst. Die Fenster sind wie Menschen. Je nachdem, durch welches Fenster man in das Haus hineinschaut, sieht man etwas anderes. Aber das Licht ist doch dasselbe.

Ein anderes Bild: In einem Raum brennen viele Lampen. Alle sehen anders aus, alle haben eigene Glühbirnen. Der Strom, der sie alle speist und mit der elektrischen Kraft versorgt, die es ihnen möglich macht, Licht zu spenden, kommt aber aus einer einzigen Quelle, dem nächstgelegenen Kraftwerk. Sind wir Menschen nicht alle wie Glühbirnen, die eine ganz eigene, individuelle Existenz besitzen und doch aus einer Kraft leben?

Überlegen wir gemeinsam: Was ist Meditation? Stellen Sie sich vor, wir wollen schwimmen gehen. Dann werden wir wohl kaum in die Wüste fahren. Nein, wir fahren ans Meer oder zu einem See oder an einen Fluß. Schwimmen können wir eben nur im Wasser, nicht im

Sand oder auf der Erde und auch nicht in der Luft. Wenn wir mit einem Flugzeug fliegen wollen, stürzen wir uns damit nicht ins Wasser und auch nicht auf die Erde, sondern erheben uns in die Lüfte.

Meditation bedeutet, den Geist, die Seele, das Bewußtsein eine Zeitlang nicht auf die weltlichen Formen und Farben zu richten, nicht auf irdische Ereignisse, rationale Überlegungen oder emotionale Empfindungen, sondern in eine andere Sphäre.

Im Idealfall bedeutet Meditation, das Körperbewußtsein zu überschreiten, die Welt der Gefühle und Gedanken, Träume und Ängste hinter sich zu lassen und die inneren Welten zu erforschen. Man unterscheidet diese manchmal und nennt sie Astralebene, Kausalebene, Suprakausalebene und »Heimat der Seele« (jenseits der letztgenannten Ebene). Die Bezeichnungen spielen keine Rolle, es geht um die Erfahrungen, die wir in unserem Inneren machen.

Wie man erst relativ lange und konsequent üben muß, um Klavier spielen zu können, müssen wir auch eine gewisse Zeit lang regelmäßig und konzentriert üben zu meditieren, bevor wir weitergehende Erfahrungen gewinnen können. Regelmäßigkeit, Genauigkeit und eine liebevolle Einstellung zur Meditation nennt der Meditationslehrer Rajinder Singh als besonders hilfreiche Faktoren. Die folgenden Übungen sind erprobte und dabei einfache Wege, um ein eigenes Erleben höherer Bewußtseinskräfte zu erleichtern. Was und »wieviel« Sie erfahren, hängt mit Hingabe, Sehnsucht, Einsatz und Gnade zusammen. Viel Freude und Erfüllung beim Üben! (Zu diesen Übungen gibt es eine Begleitkassette mit dem Titel *Licht in der Stille*; siehe Anhang.)

Vier Meditationsübungen für den Alltag

Wer bin ich?
Eine Übung zum Selbstbild

Diese Übung wirkt tief, wenn Sie sich wirklich darauf einlassen. Wenn Sie sich gerade nicht danach fühlen, überblättern Sie diese Übung bitte jetzt einfach, und kommen Sie später darauf zurück, wenn Sie innerlich bereit und äußerlich ungestört genug sind, um etwas Wesentliches über sich selbst zu erfahren.

Nehmen Sie sich bitte etwa zehn bis fünfzehn Minuten Zeit. Setzen Sie sich bequem hin, lockern Sie zu enge Kleidungsstücke (Gürtel, Bund). Vielleicht möchten Sie die Übung auch mit jemandem gemeinsam machen. Dann liest einer von Ihnen die Fragen halblaut vor. Unter Umständen möchten Sie anfangs eine sehr ruhige Musik leise im Hintergrund hören.

Lesen Sie die folgenden Fragen jeweils einzeln. Am besten benutzen Sie ein Blatt Papier, um alle anderen Fragen bis auf die jeweils nächste abzudecken. Lassen Sie immer nur eine Frage auf sich einwirken, schließen Sie die Augen, und spüren Sie in sich hinein, welche Antworten in Ihnen aufsteigen. Eventuell machen Sie sich als Gedächtnisstütze zwischendurch kurze Notizen, um über Ihre Gefühle später nachzulesen und sie zu überdenken.

- Wer bin ich?
- Wer bin ich wirklich?
- Wer bin ich eigentlich ganz tief drinnen?
- Bin ich der Körper?
- Oder habe ich einen Körper?
- Bin ich meine Augen und Ohren?
- Oder habe ich Augen, Ohren?
- Wer bin ich?

- Bin ich meine Sinne und Sinneswahrnehmungen?
- Oder habe ich Sinne und Sinneswahrnehmungen?
- Bin ich meine Gefühle?
- Oder habe ich Gefühle?
- Wer bin ich?
- Ändern sich meine Gefühle laufend, und bleibe ich trotzdem der, der ich bin?
- Bin ich meine Gedanken?
- Oder habe ich Gedanken?
- Wer bin ich eigentlich?
- Bin ich Bewußtsein?
- Bin ich bewußtes Sein?
- Bin ich Klarheit?
- Bin ich Ruhe?
- Bin ich Frieden?
- Bin ich Kraft?
- Bin ich Freude?
- Bin ich Kreativität?
- Bin ich Leben?
- Bin ich Liebe?
- Bin ich Freiheit?
- Bin ich Gelassenheit?
- Bin ich wirklich ich selbst?
- Bin ich Seele?
- Wer bin ich eigentlich wirklich?
- Welche Qualität möchte ich in mir stärken?
- Welche Eigenschaft meines innersten Seins möchte ich im Alltag besser nutzen?
- Welche Energie meines Wesens möchte ich mit anderen mehr teilen?
- Wer bin ich jetzt, heute?
- Wer möchte ich in der Zukunft werden bzw. sein?

Lassen Sie die Antworten in Ihren Gedanken nachwirken. Denken Sie in den nächsten Tagen immer wieder einmal darüber nach, besprechen Sie Ihre Einsichten vielleicht auch mit einem Menschen, der Ihnen nahesteht und Sie verstehen kann.

Wo bin ich?
Eine Übung, um die Aufmerksamkeit zu lenken

Sind wir der Autofahrer oder das Auto? Sind wir die Reifen oder die Karosserie? Sind wir das Steuerrad oder die Elektronik? Sind wir vielleicht der Motor, der das Auto antreibt? Oder sind wir der Fahrer, der wach und bewußt das Fahrzeug des Körpers auf der Straße des Lebens dorthin steuert, wohin er will?

Hier eine Übung, die nicht nur hilft, unterscheiden zu lernen, wer wir sind, sondern auch, wo wir sind. Mit dieser Übung entwickeln Sie die Fähigkeit, Ihre Aufmerksamkeit dorthin zu lenken, wo Sie wollen. Ich habe diese Anleitung vor vielen Jahren bei meiner verehrten, lieben Yogalehrerin Anneliese Harf kennenlernen dürfen, die das Münchner Yoga-Zentrum begründet hatte. Ich bin ihr noch heute von Herzen dankbar für diese und zahlreiche weitere Hilfen.

Sie können die Übung zu zweit machen, wobei einer dem anderen langsam vorliest und Zeit für Erlebnispausen gibt. Sie können sie auch allein durchführen, indem Sie sie vorher lesen und in Abschnitten machen, indem Sie sie vorher lesen, dann die Augen schließen und sie durchführen und danach den nächsten Schritt lesen und so fort. (Im Anhang finden Sie den Hinweis auf eine Übungskassette.)

1. Teil der Übung »Wo bin ich?«

Vorbereitung

- Nehmen Sie sich 15 bis 20 Minuten Zeit.
- Setzen Sie sich bequem hin. Schließen Sie die Augen.
- Atmen Sie einige Male tiefer ein und aus, am besten durch die Nase ein und – etwas länger und auch hörbar – durch den Mund aus. Das wird Sie entspannen, und Sie können Ihre Aufmerksamkeit dann besser sammeln.

Füße

- Nun lenken Sie Ihre Aufmerksamkeit bitte möglichst konzentriert in Ihre Füße. Fühlen und leben Sie sich dort ein. Falls Ihnen das schwerfällt, bewegen Sie bitte die Zehen ein wenig, um zu fühlen, wo Ihre Füße sind. Wie spüren Sie sich dort? Merken Sie, wie ein Teil Ihres Gewichts auf den Füßen lastet und wie diese vom Boden getragen werden?
  Ist es in den Füßen dunkel oder licht?
  Ist es warm oder kühl?
  Ist es eng oder weit?
  Oder was spüren Sie dort sonst?
- Lassen Sie sich ganz in Ihren Füßen »nieder«. Falls Sie dort etwas Unangenehmes spüren sollten, können Sie mit der Einatmung neue, frische, harmonische Energie in die Füße »einatmen« und mit der Ausatmung alles Schwere oder Belastende loslassen.
- Wo bin ich? Bin ich in meinen Füßen?

Becken

- Ziehen Sie dann Ihre Aufmerksamkeit weiter nach oben im Körper, und lenken Sie sie in den Bereich des Beckens. Spüren Sie dort hinein. Fühlen Sie, wie das Hauptgewicht des Körpers mit dem Gesäß auf dem Stuhl ruht – der wiederum von der Erde getragen wird?
  Ist der Bereich des Beckens offen oder verschlossen?
- Ist es dort kühl oder warm? Hell oder dunkel? Schwer oder leicht? Eng oder weit? Angespannt oder entspannt? Oder was spüren Sie sonst?
- Lassen Sie sich mit Ihrer Aufmerksamkeit möglichst ausschließlich im Bereich des Beckens ein. Falls Sie dort etwas spüren, was Ihnen nicht angenehm ist, können Sie mit der Einatmung harmonische, klärende Energie in diesen Bereich aufnehmen und mit der Ausatmung alles Belastende dort loslassen.
- Wo bin ich? Bin ich in meinem Becken?

Solarplexus

- Als nächstes lenken Sie Ihre Aufmerksamkeit in den Solarplexus. Das ist der Bereich um den Bauchnabel und oberhalb davon, in der Mitte der Rippen. Wie fühlt sich dieser Bereich des Körpers an?
- Ist es dort weich oder hart? Offen oder geschlossen? Kühl oder warm? Hell oder dunkel? Eng oder weit? Verspannt oder entspannt?
- Bleiben Sie mit Ihrer Aufmerksamkeit einige Zeit möglichst ausschließlich dort. Und falls Sie dort Spannungen spüren sollten, können Sie wieder mit Hilfe der Atmung positive Schwingungen in sich hineinnehmen und mit der Ausatmung Unangenehmes loslassen.
- Wo bin ich? Bin ich im Solarplexus?

Brustbereich

- Nun lenken Sie Ihre Aufmerksamkeit noch weiter nach oben, in die Mitte des oberen Brustraums. Spüren Sie sensibel hinein. Was fühlen Sie?
- Ist es dort offen oder verschlossen? Ist es dunkel oder licht? Ist es eng oder weit? Ist es verhärtet oder weich?
- Ist es kühl oder warm? Ist es bedrückend oder erhebend? Oder was spüren Sie sonst?
- Auch hier können Sie mit der Einatmung Neues, Lichtes hereinnehmen und mit der Ausatmung Altes, Dunkles loslassen.
- Wo bin ich? Bin ich im Brustraum?

Hände

- Dann lenken Sie die Aufmerksamkeit bitte in Ihre Hände hinein. Fühlen Sie Ihre Hände? Falls Sie noch nichts empfinden, bewegen Sie ganz leicht einige Finger. Was spüren Sie dort?
- Ist es in den Händen kühl oder warm, hart oder weich, verschlossen oder offen? Kribbelt es vielleicht ein wenig? (Daß die Hände leicht warm werden und man eine feine »elektrische« Energie spürt, wenn man die Aufmerksamkeit dorthin lenkt, ist normal.)
- Wo bin ich? Bin ich in meinen Händen?

Kopf

- Als nächstes lenken Sie Ihre Aufmerksamkeit in den Kopf, am besten in den vorderen Bereich oberhalb der Augen und hinter der Stirn. Wie fühlt sich Ihr Kopf »innen« an? Wie spüren Sie sich selbst dort?
- Ist es dort dunkel oder hell? Ist es dort eng oder weit, geschlossen oder offen? Ist es dort schwer oder leicht?
- Oder was spüren Sie sonst?
- Leben Sie sich im Kopf ruhig eine ganze Zeitlang ein. Werden Sie klarer? Bewußter? Heller? (Eine Anleitung zur Lichtmeditation am dritten Auge finden Sie auf Seite 158)
- Wo bin ich? Bin ich in meinem Kopf?

Abschluß

- Sammeln Sie nun erneut Ihre Aufmerksamkeit, und spüren Sie in sich hinein:
- Wo im Körper sind Sie am liebsten?
- Wo im Körper fühlen Sie sich am sichersten?
- Wo bin ich? Wo bin ich wirklich ganz ich selbst?
- Bin ich in meinen Füßen, in meinem Becken, im Solarplexus, im Brustraum, in den Händen, im Kopf – aber bin ich auch ganz woanders?
- Wo sind Sie am meisten Sie selbst? Wo sind Sie Ihrem Wesen am nächsten?
- Wenn Sie die Übung nun beenden möchten, atmen Sie einfach einige Male tiefer ein und aus. Beginnen Sie, wieder ganz in den Körper hineinzuspüren, bis in die Arme und Hände, bis in die Beine und Füße, damit Sie wieder ganz und bewußt in den Körper zurückgekehrt sind. Gönnen Sie sich anschließend ruhig eine kleine Zeit der Ruhe, vielleicht mit schöner Musik (beispielsweise Mozart, Bach, Deuter, Sandelan.)

2. Teil der Übung »Wo bin ich?«

Wenn Sie weitermachen möchten, bleiben Sie einfach still sitzen.

Haut

- Nun richten Sie Ihre Aufmerksamkeit nicht in einen bestimmten Bereich des Körpers, sondern spüren ganzheitlich in die Haut hinein – überallhin ...
- Fühlen Sie, wie der Körper rundherum von der Haut umhüllt ist? Spüren Sie, wie sich diese Hülle »auflädt« oder warm wird oder etwas »kribbelt«, wenn Sie sich dort einfühlen? Was spüren Sie vielleicht sonst noch?
- Fühlen Sie, während Sie Ihre Aufmerksamkeit in und über Ihre Haut wandern lassen, daß Sie beginnen, über den Körper hinauszuspüren?
- Wo bin ich? Bin ich im Körper, aber auch an seiner Oberfläche?
- Bin ich nur innen? Oder bin ich auch an der Oberfläche?
- Spüre ich eine Aurahülle, eine Energieschicht, rund um die Haut? Bin ich auch außerhalb meines Körpers?

Über den Körper hinaus

- Spüren Sie nun über Ihren Körper hinaus, in das Zimmer, in dem Sie sich jetzt befinden. Wenden Sie die Aufmerksamkeit ganz diesem Raum zu.
- Wie fühlt sich das Zimmer an? Eng oder weit? Dunkel oder licht? Schwer oder leicht? Oder wie sonst?
- Falls Sie etwas Belastendes spüren sollten, so können Sie wieder die Atmung zur Klärung benutzen. Mit der Einatmung nehmen Sie positive, harmonische, lichte Kraft in den Raum auf, und mit der Ausatmung geben Sie alles Schwere, was dort vielleicht spürbar sein sollte, frei, sich aufzulösen.
- Wo bin ich? Bin ich mit meinem Bewußtsein auch in diesem Raum?

Haus

- Als nächstes spüren Sie noch weiter hinaus, in das Haus, in dem Sie jetzt sind. Lassen Sie sich ein in die Energie in diesem Haus.
- Wie fühlt sich dieses Haus an? Weit oder eng? Geschlossen oder offen? Hell oder dunkel? Kühl oder warm? Hart oder weich? Oder wie sonst?
- Sie können wieder mit der Einatmung frische Energie in das Haus aufnehmen und mit der Ausatmung Schweres darin loslassen.
- Wo bin ich? Bin ich mit meinem Bewußtsein auch im gesamten Haus?

Umgebung

- Gehen wir noch weiter hinaus, zunächst in die nähere Umgebung. Spüren Sie in den energetischen bzw. geistigen Raum der Umwelt, in der sich das Haus befindet. Öffnen Sie Ihre Aufmerksamkeit, um die Schwingung der Umwelt zu erspüren. Wie empfinden Sie das?
- Ist die Schwingung in der Umwelt angespannt oder entspannt? Dunkel oder licht? Verschlossen oder offen? Oder wie sonst noch?
- Verwenden Sie die Atmung, wenn Sie möchten, um mit der Einatmung Lichtes, Positives in die Umwelt »einzuatmen« und mit der Ausatmung Schweres, Dunkles aufzulösen oder loszulassen.
- Wo bin ich? Bin ich mit meinem Bewußtsein auch in der Umwelt?

Erde

- Spüren Sie nun, daß Sie sich mit der ganzen Erde verbinden. Fühlen Sie, wie diese Erde als ein Organismus lebt. Spüren Sie, welche Schwingung unsere Erde derzeit hat.
- Wie erleben Sie die Schwingung der Erde? Bedrückt oder heiter? Pessimistisch oder hoffnungsvoll? Dunkel oder licht? Oder wie sonst?
- Verwenden Sie die Atmung, um Ihren Teil dazuzutun, die Schwingung der Erde zumindest hier und jetzt heller und freund-

licher werden zu lassen. Mit der Einatmung lassen Sie Licht auf und in die Erde strömen, mit der Ausatmung geben Sie Belastendes frei.
- Wo bin ich? Bin ich mit meinem Bewußtsein auch auf und in der Erde?

Weltraum
- Lenken wir nun unsere Aufmerksamkeit noch weiter, hinaus in den Weltraum, in das All. Spüren wir, wie wir Teil eines großartigen Kosmos sind, wie wir Teil einer Schöpfung voller Licht von Sternen, Monden und Sonnen sind. Wenn wir so in den Weltraum hineinspüren, was empfinden oder erleben wir? Enge oder Weite? Verspannung oder Harmonie? Dunkel oder Licht? Schwere oder Leichtigkeit? Oder was sonst?
- Wo bin ich? Bin ich mit meinem Bewußtsein im All?
- Wenn Sie die Übung nun beenden möchten, atmen Sie einfach einige Male tiefer ein und aus. Beginnen Sie, wieder ganz in Ihren Körper hineinzuspüren, bis in die Arme und Hände, Beine und Füße, damit Sie wieder ganz im Körper sind.

3. Teil der Übung »Wo bin ich?«

Wenn Sie weitermachen möchten, bleiben Sie einfach sitzen. Halten Sie die Augen geschlossen, und lassen Sie sich bitte auf das ein, was als Resonanz auf die folgenden Fragen in Ihnen auftaucht.

- Kann ich meine Aufmerksamkeit in recht hohem Maße lenken, wohin ich möchte?
- Bin ich ein anderer Mensch, wenn ich bewußt meine Aufmerksamkeit lenke?
- Bin ich eigentlich hauptsächlich jeweils dort, wo meine Aufmerksamkeit und mein Bewußtsein sind?
- Wo möchte ich sein? Im Alltag? Bei Konflikten? Wenn ich mich glücklich fühle?

- Wo ist meine Seele?
- Wo ist Gott?
- Wo bin ich? Wo bin ich zutiefst und innigst ich selbst?
- Wo bin ich wirklich? Wo bin ich bewußt?
- Wo ist mein Sein? Wo ist mein ewiges Bewußtsein?
- Zum Abschluß der Übung atmen Sie einfach einige Male tiefer ein und aus. Beginnen Sie, wieder ganz in Ihren Körper hineinzuspüren, bis in die Arme und Hände, bis in die Beine und Füße, damit Sie wieder ganz im Körper sind. Und lassen Sie sich noch einige Minuten Zeit, sich zu entspannen und nachzuspüren.

Es kann sein, daß Sie noch nicht gleich beim ersten Mal all das spüren, was hier angesprochen wurde. Lassen Sie sich nicht entmutigen, üben Sie immer wieder. Vielleicht hilft es Ihnen, wenn Sie mit einigen lieben Menschen zusammen üben. Einer liest dann die Übung langsam vor, während die anderen sie mitmachen. Beim nächsten Mal kann man die Rollen tauschen.

Gibt es eine höhere Kraft?

So wundervoll es ist, wenn wir an etwas glauben, so erhebend es ist, wenn wir auf die Existenz der Schöpferkraft vertrauen und auf die Hilfe Gottes bauen – um wieviel schöner wäre es, wenn wir eine eigene Erfahrung davon gewinnen und diese während unseres Lebens in Meditationsübungen und im Alltag immer weiter vertiefen könnten?

Die Menschen, die man Heilige und Mystiker nennt, berichten von solchen Erfahrungen. Ihr Zugang zu einem solchen eigenen Erleben wird Versenkung, stilles Gebet, Meditation oder Kontemplation genannt. Man kann es auch »Konzentration der Aufmerksamkeit auf die höchste Kraft« nennen. Eine einfache Vorübung zum mystischen Erleben möchte ich Ihnen an dieser Stelle vorschlagen.

Übung

- Setzen Sie sich ruhig und entspannt hin. Schließen Sie sanft die Augen. Atmen Sie einige Male tiefer ein und aus, um sich wirklich noch etwas mehr zu entspannen.
- Nun sammeln Sie Ihre Aufmerksamkeit am sogenannten dritten Auge (siehe auch Seite 158), das ist der Punkt hinter und zwischen den Augenbrauen. Tun Sie das bitte aber ohne jede Anspannung oder Anstrengung, ohne die Stirn in Falten zu legen, die Augen zusammenzukneifen oder sich irgendeine andere Art von Streß zu machen.
- Nun wiederholen Sie langsam, nur in Gedanken, einen Namen Gottes, der Ihnen naheliegt. Das kann Gott oder Christus sein, Maria oder Jesus, Allah, Jahve, Buddha, Mohammed oder ein anderer Name, der für Sie persönlich die höchste Wahrheit und die umfassendste Liebe zum Ausdruck bringt.
- Finden Sie allmählich zu Ihrem Rhythmus, weder zu schnell noch zu langsam, mit kleinen Pausen zwischen den Wiederholungen. Sie denken den Namen also nur bzw. wiederholen ihn mit der Zunge der Gedanken; Sie sprechen ihn nicht laut oder halblaut aus.
- Beobachten oder spüren Sie dabei bitte – ohne Ihre Sammlung am dritten Auge und die Wiederholung des Namens zu unterbrechen –, was Sie erleben.
- Fühlen Sie sich mit der Zeit leichter, offener, vielleicht sogar ekstatisch? Fangen Sie an, inneres Licht zu sehen oder Farben? Spüren Sie, wie mit der Zeit eine feine Kraft in Sie hineinströmt bzw. in Ihnen emporsteigt? Oder erleben Sie etwas anderes?
- Beenden Sie die Übung mit einem Dank für das, was Sie erhalten haben. Atmen Sie dann einige Male tiefer ein und aus, fühlen Sie sich wieder in Ihren ganzen Körper hinein, in Beine und Füße, Arme und Hände, und kommen Sie wieder ganz in die jeweilige Situation zurück.

Diese Übung dient dazu, auszuprobieren, was Sie selbst in sich erfahren, wenn Sie Ihre Aufmerksamkeit bewußt einige Zeit, vielleicht fünf bis zehn Minuten, konzentriert und absichtsvoll auf die Schöpferkraft ausrichten, indem Sie einen irdischen Namen dieser Kraft wiederholen. Sie werden erleben, daß die gesamte folgende Woche von einer ganz anderen, höheren Schwingung durchdrungen ist. Sie werden Segen in Ihrem Leben spüren können.

Das innere Licht entdecken

Die folgende Anleitung zur Meditation mit dem inneren Licht stammt von dem Meditationslehrer Rajinder Singh, aus seinem Buch *Kraft der Seele* (siehe Anhang), und wird hier mit seiner und der freundlichen Genehmigung des Verlages abgedruckt.

> Kommen wir einige Augenblicke zur Ruhe, um eine einfache Methode der Meditation kennenzulernen, die wir dann auch mit anderen teilen können. Die Technik ist einfach, und wenn man sie beherrscht, kann man sie jeden Tag zu Hause praktizieren.
>
> Meditation ist ein Vorgang der Konzentration und kann von Menschen aller Altersstufen, aller Religionen, aller Lebensbereiche praktiziert werden.
>
> Wir konzentrieren unsere Aufmerksamkeit an einem Punkt zwischen und hinter den beiden Augenbrauen, der als Sitz der Seele, Einzelauge oder drittes Auge bekannt ist. Sammeln wir dort unsere Aufmerksamkeit, dann kommen wir mit einem Strom aus Licht und Klang in Verbindung, der uns in einen Zustand höheren Bewußtseins und des Friedens führt.
>
> In jeder Religion findet man Hinweise auf eine Kraft, die vom Schöpfer ausging. Diese Kraft hat zwei Manifestationen: Licht und Klang. Dieser Strom geht vom Schöpfer aus und führt auch wieder zu seiner Quelle zurück.
>
> Wenn wir unsere Aufmerksamkeit zum Sitz der Seele zurückziehen, können wir in diesen inneren Licht- und Klangstrom eintauchen. Durch diese Verbindung erlangen wir tiefen Frie-

den, Liebe und Glückseligkeit, Zustände, die viel beglückender und erfüllender sind als alles, was wir auf Erden kennen.

Meditationsanleitung
Wenn Sie also meditieren möchten, setzen Sie sich in einer Haltung hin, die angenehm und bequem für Sie ist. Schließen Sie die Augen. Konzentrieren Sie Ihre Aufmerksamkeit auf den Bereich der Dunkelheit, der vor Ihnen liegt. Spannen Sie weder Stirn noch Augen an. Sie schauen nun nicht mit Ihren äußeren Augen nach vorne; es ist vielmehr Ihr inneres Auge, das die Dunkelheit sieht. Schauen Sie fortwährend in die Mitte dessen, was Sie mit geschlossenen Augen vor sich sehen.

Damit das Gemüt den inneren Blick nicht beeinträchtigt und Gedanken schickt, wiederholen Sie irgendeinen Namen des Schöpfers, der Ihnen vertraut ist.

Wiederholen Sie diesen Namen langsam, in Gedanken, nicht laut. Konzentrieren Sie sich weiterhin auf das, was vor Ihnen erscheint.

Durch diese Konzentration wird Licht hervorbrechen. Sie können Licht sehen – Licht in jeder beliebigen Farbe, weiß, golden, blau, rot, gelb, orange, violett usw. Sie können auch einen inneren Ausblick auf einen Sternenhimmel haben, auf einen Mond oder eine Sonne oder irgend etwas anderes.

Schauen Sie immer in die Mitte dessen, was sich gerade vor Ihnen befindet. Dieses Licht wird Ihnen Frieden geben. Meditieren wir nun für einige Zeit, und ich bete, daß jeder das erhält, was für ihn am besten ist.

(Weitere Informationen zu dieser Meditation im Anhang.)

Wenn Sie diese Übung durchführen, werden Sie nicht nur inneres Licht entdecken, sondern darin oder damit auch eine Kraft erleben, die Sie – je nach Ihren derzeitigen seelischen Bedürfnissen – als Ruhe, Frieden, Klarheit, Liebe oder eine andere, gerade benötigte Energie spüren. Sie werden merken, daß Sie regelrecht »aufgetankt« werden.

Diese Übung ist jedoch nur ein erster, vergleichsweise sehr kleiner Schritt. Es ist, als ob jemand auf eine bislang unsichtbare Tür zeigt und auf ein bisher noch nicht entdecktes Schlüsselloch darin. Dann bittet man Sie, heranzutreten und mit Ihren Augen an dieses unsichtbare Schlüsselloch zu gehen und einmal probehalber hindurchzuschauen. Und wenn Sie »Glück« haben, sehen Sie auf der anderen Seite, in einem Raum, der Ihnen noch nicht bekannt ist, Licht, Farben, Gestalten, Gegenstände und so fort. Dieses Bild beschreibt recht anschaulich den Vorgang einer solchen Meditation, wie Sie hier ohne weitere Anleitungen abgedruckt ist. Wenn Sie die Tür jedoch aufschließen möchten, um in den anderen Raum einzutreten und sich richtig umzusehen, brauchen Sie jemanden, der Ihnen einige Schlüssel gibt und Ihnen zeigt, wie das Schloß funktioniert. Das ist ein Mensch, den man üblicherweise Meditationsmeister nennt.

Ich hatte großes Glück, zweien solcher ungewöhnlicher Lehrer zu begegnen, Sant Darshan Singh und Sant Rajinder Singh. Sie waren bzw. sind in der Lage, die Tür aufzuschließen und uns den Schlüssel zu geben und uns dann sogar in den unendlichen lichten Weiten der inneren Welten als kundige und liebevolle »Reiseführer« beiseite zu stehen.

Eine weitere, sehr wirksame Übung zum Thema »Leben, Sterben und Weiterleben« finden Sie in meinem Buch *Licht in der Stille*. Die Übungen aus diesem Buch hier, die Sterbeübung aus *Licht in der Stille* und eine weitere geführte Meditation finden Sie auch auf der Kassette *Licht in der Stille* (siehe Anhang.)

Das größte Geschenk

Der Seelenquotient in den Mythen der Welt

Leo Tolstoi wurde eines Tages bei einem seiner Spaziergänge von einem alten, gebrechlichen und hungrig aussehenden Bettler angesprochen mit der Bitte um eine milde Gabe. Der berühmte Schriftsteller langte in seine Taschen, um nach einigen Münzen zu suchen. Zu seiner Betrübnis fand er nicht einmal eine einzige Kopeke darin. So streckte er dem Bettler beide Arme entgegen und nahm dessen Hände in die seinen:

»Lieber Bruder, verzeiht, es tut mir leid, aber ich habe nichts bei mir, was ich dir geben könnte.« Die trüb gewordenen Augen des alten Mannes leuchteten auf, als er erwiderte: »Das macht gar nichts, du hast mir schon das größte Geschenk gegeben, was ich mir je hätte erhoffen können: Du hast mich Bruder genannt.«

Es gibt kein größeres Geschenk als die Liebe. Wir mögen Geld, Geschmeide, materielle Gaben, Ruhm oder Macht erlangen, solange wir jedoch das Geschenk der Liebe nicht erhalten, können wir nie wahres Glück und wahren Frieden erfahren.

Es ist der Mangel an Liebe, der für soviel Not, Leid und Unglück in dieser Welt verantwortlich ist. Fast täglich hören oder lesen wir von Menschen, die unmenschlich behandelt werden. Wir brauchen uns nur umzusehen, um die schrecklichen Folgen von Intoleranz und Haß zu sehen. Nur Liebe kann uns Frieden, Harmonie und Seligkeit bringen.

Wer kann die Wirkung auch nur unserer kleinsten Bemühung um Güte in der Begegnung mit anderen Menschen ermessen? Vielleicht der wichtigste Beitrag, den Mutter Teresa geleistet hat, die sich um die Menschen kümmerte, die völlig vernachlässigt und verzweifelt waren, besteht darin, daß sie den Menschen, die von allen anderen verlassen worden waren, das Erleben schenkte, daß auch sie geliebt werden.

Eines Nachts saß ein heiliger Man namens Abou Ben Adhem allein zu Hause. Plötzlich erschien ein Engel. Das strahlende Lichtwesen schrieb in einem Buch die Namen jener Menschen nieder, die Gott liebten. Abou Ben Adhem stellte mit einem Blick in das Buch fest, daß sein eigener Name darin nicht verzeichnet war. Er wandte sich an den Engel und sprach: »Falls es je eine Liste geben sollte jener Menschen, die ihre Nächsten lieben, bete ich zu Gott, daß mein Name darin auch erscheinen möge.«

Einige Tage später erschien der Engel erneut. Er zeigte Abou Ben Adhem eine neue Fassung des Buches mit den Namen heiliger Menschen. Er erklärte, daß Gott, als er ihm die Bitte von Abou Ben Adhem vorgebracht hatte, sagte:

»Fertige eine neue Liste an von jenen, die Gott wirklich lieben, und setze Abou Ben Adhems Namen an die erste Stelle.«

(Die Geschichte von Abou Ben Adhem ist dem Buch *Liebe auf Schritt und Tritt – Das Wunder deiner inneren Welten* von Sant Darshan Singh entnommen; erschienen im Fischer Verlag, Münsingen/Bern.)

11. Was ist Ihr »PQ«?

Die Krankheit von heute
ist nur die Überschreitung
der Naturgesetze von gestern.

Aus dem Iran

Natürliche physische Gesundheit als Grundlage für ganzheitliche Entfaltung und schöpferische Kraft. Übungen und Hinweise zur Stärkung der körperlichen Vitalität

Wie Sie Ihre Vitalität stärken

Den IQ kennen wir, über die emotionale Intelligenz haben wir inzwischen auch gelesen und nachgedacht, und nun halten Sie ein Buch über den SQ, den Seelenquotienten, in den Händen. Es wäre unvollständig im Anspruch, ein ganzheitliches Bild vom Menschen und seinem Potential zu zeichnen, wenn wir nicht wenigstens kurz auch auf die Körperintelligenz eingingen. Im Rahmen der »Quotienten« nenne ich diese Art der Intelligenz den »PQ«, den physischen Intelligenzquotienten.

Als Koautor von inzwischen mehr als 25 Büchern über Naturheilkunde und natürliche Gesundheit – von Bachblüten über Farbtherapie und Ernährung, zu Reiki, Aura Soma und Alta Major, von traditioneller chinesischer Medizin zu Heilung durch Musik sowie Büchern über Yoga, Atmung und Zahnpflege – durfte ich eine Vielzahl kompetenter Experten und Expertinnen auf diesen Gebieten kennenlernen und mein Wissen über Fragen der Gesundheit vertiefen.

Aus dieser Arbeit ist ein einfaches Programm zur Gesundheitspflege und zur natürlichen Vorsorge entstanden, das ich ausführlich in dem Buch *So bleiben Sie gesund!* (siehe Anhang) dargelegt habe. Die sieben wichtigsten Grundlagen dieses sehr praxisnahen Programms möchte ich Ihnen hier vorstellen. In der Übersicht weise ich bei den einzelnen Schritten in Klammer darauf hin, bei wem ich den jeweiligen Ansatz vor allem schätzen gelernt habe und aus welchem Übungssystem meine Vorschläge stammen bzw. weiterentwickelt worden sind.

Zu den Vorzügen dieses bewährten Programms gehört, daß es völlig natürlich ist, Sie keinerlei Hilfsmittel brauchen und es auch absolut kostenlos ist. Es ersetzt selbstverständlich *nicht* die sachkundige Diagnose und die fachlich angemessene Therapie durch amtlich zugelassene und seriöse Behandler, wenn Sie an Beschwerden oder einer Krankheit leiden! Es kann aber sehr wohl als Ergänzung und Begleitung von spezifischen Behandlungsformen dienen, in Absprache mit dem zuständigen Therapeuten.

Das Beste ist gerade gut genug!
Sieben Schritte zur ganzheitlichen Gesundheitspflege und zur naturgemäßen Krankheitsvorsorge

1. Harmonische Vollatmung (Anneliese Harf, Yoga)
2. Bewußte Ernährung (Indische Ayurveda-Medizin)
3. Ausreichende Bewegung (Westliche Schulmedizin)
4. Richtige Haltung (Divo Koeppen, Alta Major)
5. Problemlösungs-orientiertes Denken und Handeln (Norman Vincent Peale und Dr. Joseph Murphy, Positives Denken)
6. Suche nach dem Lebenssinn (Dr. Viktor Frankl, Sinnzentrierte Psychotherapie)
7. Spirituelle Meditation (Sant Darshan Singh, Sant Rajinder Singh, Surat Shabd Yoga)

Die sieben Schlüssel zur kostenlosen natürlichen Vorsorge

Schauen wir uns die sieben Schritte nacheinander an. Ich werde Ihnen auch kleine, einfache Übungen dazu vorschlagen. Aber überlegen wir erst einmal, was die wichtigste Grundlage für Gesundheit ist. Was ist der Einzelfaktor, der für die Gesundheit die ausschlaggebende Voraussetzung ist? Bitte überlegen Sie ...

Die Basis für Gesundheit ist ... Leben! Ohne Leben keine Gesundheit. Bei einem gerade Verstorbenen spielt der Gesundheitszustand ja keine Rolle mehr. Gesundheit ist doch nur so lange von Bedeutung, solange wir leben. Solange ein Mensch noch lebt, auch ein Schwerstkranker, kümmern wir uns um seine Gesundheit. Aber wenn er nicht mehr in und mit diesem Körper ist, wenn die Körperhülle wie leblos daliegt – weil etwas Unsichtbares, das Lebensprinzip, die Seele, der göttliche Funke hinausgegangen ist –, dann ist die Sorge um seine Gesundheit beendet.

Wenn Leben die Basis für Gesundheit ist, was ist dann die Grundvoraussetzung für Leben? Überlegen Sie bitte einige Momente selbst ...

Das Fundament für Leben ist nicht Essen oder Trinken, auch nicht Schlaf, Geld, Erfolg, noch nicht einmal Sex und Erotik – sondern die Atmung! Wir können einige Wochen, vielleicht sogar Monate überleben, ohne zu essen. Wir können einige Tage, vielleicht wenige Wochen überleben, ohne zu trinken. Aber wie lange können wir überleben, ohne zu atmen? Wenige Minuten nur! Das ist der Grund, warum ich die sieben Schritte zur natürlichen Gesundheitsvorsorge mit der Atmung beginne.

1. Harmonische Vollatmung

Die Atmung bringt Sauerstoff und frische, neue Energie in unseren Organismus. Sauerstoff brauchen wir für die Versorgung des Blutes, das ihn für den Stoffwechsel, die Zellatmung, den Abtransport von Ausscheidungsstoffen etc. verfügbar macht.

Die meisten von uns atmen zu flach, zu unregelmäßig und einfach zu wenig. Ich halte nicht viel von »Pranayamas« (Atemtechniken aus dem Yoga), weil sie nicht individuell genug sind und zudem manche physischen und psychischen Risiken bergen (wegen unkontrollierter Aktivierung von Prana-Kräften). Vielmehr schlage ich Ihnen drei wirksame und zugleich völlig gefahrlose Übungen vor, um zu einer harmonischen Vollatmung zu gelangen. Dieser Begriff bezeichnet eine Atmung, die sowohl den Bauch- wie den Brustraum bei der Einatmung mit frischer Luft füllt und bei der die Ausatmung ein wenig länger und tiefer sein darf.

Atembeobachtung:

- Setzen Sie sich ruhig und entspannt hin. Schließen Sie die Augen. Atmen Sie einige Male etwas tiefer und länger ein und aus. Beobachten Sie dann Ihre Atmung.
- Greifen Sie aber nicht ein, »machen« Sie nichts, verändern Sie nichts – sondern beobachten Sie nur. Es gibt hier kein »richtig« oder »falsch«. Es kann sein, daß sich Ihre Atmung unwillkürlich von selbst verändert – das können Sie getrost geschehen lassen –, aber *machen* Sie es nicht.
- Beobachten Sie nacheinander: Wie lang oder kurz ist die Einatmung, wie lang oder kurz ist die Ausatmung? Wie tief oder flach sind Einatmung und Ausatmung? Wann erfolgt der erste Impuls einzuatmen? Und wann spüren Sie den ersten Impuls, wieder auszuatmen? Woher im Körper kommt der Impuls zum Einatmen? Aus dem Bereich der Nase, des Mundes, der Brust oder des Bauches?
- Beenden Sie die Übung damit, daß Sie feststellen, ob sich Ihr

Atem von selbst verändert hat oder nicht. Atmen Sie dann einige Male etwas tiefer ein und aus, und kehren Sie mit der Aufmerksamkeit wieder zurück.

Spaziergänge:

- Gehen Sie etwa 10% schneller, als für Sie üblich ist.
- Bewegen Sie dabei Ihre Arme etwa 10% intensiver, als Sie es normalerweise machen würden.
- Atmen Sie etwa 10% tiefer ein, durch die Nase, und atmen Sie etwa 10% tiefer und auch länger aus, durch den Mund.

Diese Übung wird Ihnen ein wahres Hochgefühl neuer Energie bringen!

Morgen- und Abendatmung:

- Stellen Sie sich nach dem Aufstehen und vor dem Zubettgehen ans offene Fenster (oder auf den Balkon bzw. den Rasen), die Beine etwas auseinander.
- Bewegen Sie nun die Arme nach vorn und hinten, als ob Sie sich mit Skistöcken abstoßen würden. Sie können dabei etwas in den Knien wippen, wenn Ihnen das angenehm ist.
- Dabei atmen Sie durch die Nase gut ein und atmen durch den Mund gut und etwas länger aus.
- Machen Sie das etwa 30mal mindestens, besser 50mal oder 100mal.

Sie werden feststellen: ein wahrer Jungbrunnen! Die Atmungswege werden frei, das Blut zirkuliert gut, der Kopf wird klar, und Sie fühlen sich mindestens zehn Jahre jünger.

2. Bewußte Ernährung

Ich esse seit 1975 rein vegetarisch. Die vegetarische Ernährung ist die gesündeste, wie inzwischen auch schulmedizinisch in Langzeituntersuchungen (zum Beispiel im Krebszentrum Heidelberg) nachgewiesen wurde. Es ist die Ernährungsform, in der unser Körper die hochwertigsten Lebensmittel erhält und bei der wir gleichzeitig den geringsten Schaden an anderen Lebensformen verursachen.

Obwohl ich also sowohl persönlich wie auch durch die wissenschaftliche Literatur vom Wert der vegetarischen Ernährung überzeugt bin, schlage ich Ihnen eine andere Weise vor, wie Sie selbst nach und nach Ihr Gespür dafür entwickeln können, was Ihnen guttut und was nicht.

Nehmen Sie sich zwei Stück Papier, vielleicht zwei kleine Karteikarten, und notieren Sie auf beiden jeweils die drei folgenden Begriffspaare:

- Heilend – Reinigend
- Stärkend – Kräftigend
- Belastend – Abstumpfend

Stecken Sie sich eine Karte in die Handtasche oder Brieftasche ein, und heften Sie die andere mit einem Magneten an Ihren Kühlschrank.

Jedes Mal, wenn Sie nun zum Einkaufen gehen oder ins Restaurant oder etwas aus dem Kühlschrank nehmen, halten Sie bitte nur zehn bis fünfzehn Sekunden inne. Fragen Sie sich: Ist das, was ich jetzt essen oder trinken will …

- Heilend – Reinigend?
- Stärkend – Kräftigend?
- Belastend – Abstumpfend?

Machen Sie das einen ganzen Monat lang, und stellen Sie anschließend fest, ob Sie von sich aus – ohne jede Vorschrift, ohne jeden blinden Glauben – Ihre Ernährung verändert haben oder nicht, ob Sie sich wohler, leichter, beschwingter, kräftiger fühlen oder nicht.

3. Ausreichende Bewegung

Wir Menschen sind keine Denkmäler, keine Standbilder, sondern lebendige, bewegliche Wesen. Also gehört zur Gesunderhaltung selbstverständlich, daß wir uns ausreichend bewegen. Es gibt unzählige Programme dafür, eines vermutlich verwirrender als das andere.

Hier vier einfache Vorschläge:

- Sorgen Sie dafür, daß Sie mindestens einmal in der Woche ins Schwitzen kommen – nicht durch Saunahitze, sondern durch Bewegung. Wie Sie das machen, ist ziemlich egal. Es kann Radfahren sein oder Laufen, Tennisspielen oder Gartenarbeit.
- Gehen Sie möglichst jeden Tag eine größere Strecke zu Fuß. Vielleicht machen Sie das ohnehin, wenn Sie zur Arbeit oder einkaufen gehen.
- Machen Sie einmal am Tag die Arm- und Atemübung, die weiter oben beschrieben wurde.
- Achten Sie auf Ihr Gewicht. Wenn Sie langsam, aber sicher zunehmen, ist das ein Warnsignal. Nicht unbedingt dafür, daß Sie zuviel essen, sondern meistens dafür, daß Sie falsch essen und sich kaum oder zu wenig bewegen.

Die drei ersten Gesundheitsschritte Atmung, Ernährung und Bewegung sind sicher auf Anhieb einsichtig. Der vierte Schritt überrascht vielleicht manche Leser.

4. Richtige Haltung

Wenn wir innerlich aufrichtig und äußerlich aufrecht durchs Leben gehen (und sitzen!), können wir besser atmen, dann funktioniert unsere Verdauung besser, arbeiten die Organe besser und so fort. Es gibt aber noch andere, psychosomatische Gesundheitswirkungen der richtigen Haltung, die sogar wichtiger sind als die rein körperlichen Vorteile. Welches Selbstbild haben wir?

Sehen wir uns als arme Würstchen, als geplagte Arbeiter, als verwirrte Geisterfahrer, ganz allgemein als geknechtete Wesen? Ein solches oder ähnliches Selbstbild hat natürlich eine Auswirkung auf unsere Körperhaltung, aber auch auf unser seelisches Befinden.

Oder haben wir von uns die Vision eines freien Menschen, einer bewußten Seele, eines lichterfüllten Wesens, eines göttlichen Funkens? Auch das wird eine entsprechend sehr viel angenehmere Wirkung auf Haltung und Befinden haben.

Der folgende Übungsvorschlag ersetzt nicht die eingehende Beschäftigung mit diesem Thema, zu dem ich die Bücher von Divo Koeppen nur wärmstens empfehlen kann.

Haltungsübung:

- Setzen Sie sich auf einen Stuhl, ohne sich mit dem Rücken anzulehnen, und schließen Sie die Augen.
- Überlegen Sie sich dann: Möchte ich verschlossen sein oder offen? Möchte ich dunkel oder hell sein? Möchte ich gebunden oder frei sein? Möchte ich schwach oder kraftvoll sein? Möchte ich bedrückt und verspannt oder entspannt und glücklich sein?
- Welche Körperhaltung entspricht am ehesten dem schönsten Traumbild, das Sie sich von sich selbst erlauben?
- Probieren Sie aus, was Sie spüren, wenn Sie die Schultern leicht nach hinten und unten »abrollen« lassen und damit den Brustraum mehr öffnen.
- Fühlen Sie, was geschieht, wenn Sie den Nacken ein klein wenig dehnen, wobei Kinn und Nase eher nach unten, Richtung Brust gehen, aber nicht nach oben.

Vergegenwärtigen Sie sich, wenn Sie ein Gespräch führen, spazierengehen, im Café sitzen und bei vielen anderen Gelegenheiten während des Tages, wie Ihre Haltung momentan ist. Drückt Ihre Haltung das aus, was Sie im innersten Wesen sind bzw. sein möchten? Strahlt Ihre Haltung Klarheit, Licht, Freude und Herzlichkeit aus? Wenn Sie mit Ihrer Haltung nicht zufrieden sind, erspüren Sie, ob Sie entweder die äußere Haltung oder Ihre derzeitige innere Einstellung entsprechend positiv verändern können. Gutes Gelingen – die Hauptsache ist dabei die Bewußtwerdung!

5. Problemlösungs-orientiertes Denken und Handeln

Wieviel Sinn macht es, über die Krankheit zu schimpfen oder über »die« Ärzte, »die« Arbeitgeber, »die« Gesellschaft? Wie hilfreich ist es für die Gesundheit, über Beschwerden zu lamentieren? Am besten wäre es doch sicher, ganz ruhig herauszufinden, durchaus mit Hilfe von medizinischen Fachleuten, was die Ursachen für das betreffende Leiden und was die vielversprechendsten Behandlungsmöglichkeiten sind – und diese dann auch durchzuführen.

Unsere Angewohnheit, die Probleme lang und breit auszuwälzen, führt selten sehr weit. Sinnvoller ist es meistens, konkrete Schritte zur Lösung zu unternehmen. Denn erst daran erweist sich, ob wir überhaupt gesund sein wollen oder es vorziehen, in einer Mitleid erheischenden Opferrolle steckenzubleiben. Es gilt demnach, ein Denken und Handeln als neue Gewohnheit zu entwickeln, das auf Problemlösung ausgerichtet ist. Das kann man wirklich lernen. Der erste Schritt dazu ist, es überhaupt zu wollen.

Selbstverständlich gibt es keine vollkommene Gesundheit, wie es auch kein vollkommenes Leben gibt. Manche Probleme lassen sich nicht lösen. Also müssen wir uns von ihnen lösen, sie loslassen bzw. mit ihnen zu leben lernen. Wir können und sollten sie als Gelegenheiten benutzen, daran zu wachsen.

6. *Suche nach dem Lebenssinn*

Der große Arzt und Psychotherapeut Viktor Frankl hat sinngemäß gesagt: »Wer krank ist, kann nur dann wirklich und dauerhaft gesund werden, wenn er einen Sinn im Leben findet.« Und umgekehrt gilt wohl auch: Wer gesund ist, kann es nur dann wirklich und dauerhaft bleiben, wenn er einen Sinn im Leben hat.

Ich möchte diesen Ansatz etwas erweitern: Die Heilwirkung setzt nach meiner Erfahrung bereits ein, wenn wir bewußt nach einem Lebenssinn suchen, nicht erst, wenn wir ihn gefunden haben.

Welche Entbehrungen können Menschen durchstehen, die ein Ziel vor Augen haben! Das muß gar nicht immer ein spirituelles Anliegen oder ein quasiheiliges Ziel sein. Die Suche nach einem höheren Sinn aktiviert Energiereserven und bringt eine neue Dynamik in unser Leben, die sich auch sehr günstig auf unser Befinden auswirkt. Probieren Sie es aus, zum Beispiel mit der Übung zur »Höheren Kraft« (Seite 172) oder auf Ihre ganz eigene Weise.

7. *Spirituelle Meditation*

Dieser Begriff bezeichnet die Verbindung mit einer höheren Kraft, welche die Seele nährt, und das unmittelbare Erleben dieser höheren Kraft. Es ist die Erfahrung des inneren Lichts und Klangs, wie sie von allen Mystikern aller Religionen beschrieben worden ist. Eine erste Übung dazu finden Sie auf Seite 165.

Es gilt bei diesem siebten Schritt zur Gesundheitspflege ein Bibelwort in abgewandelter Form: »Was nützte es dem Menschen, wenn er die beste körperliche Gesundheit hätte, aber von der ewigen Existenz der Seele und deren Bewußtsein nichts wüßte und somit den Körpertod für das absolute Ende des Lebens hielte.« Spirituelle Meditation heilt die Seele, indem sie sie bewußt werden läßt.

Einen hohen PQ, einen bewußten physischen Quotienten und eine ausgebildete Körperintelligenz, haben Sie dann,

- wenn Sie hier und jetzt auf Ihren Körper und seine Bedürfnisse hören und achten,
- wenn Sie heute das tun und lassen, was Ihrem körperlichen Wohlbefinden morgen und übermorgen guttut,
- wenn Sie in regelmäßigen Abständen Bilanz ziehen und eine eventuell notwendige Kurskorrektur zu einer besseren Vorsorge und Gesundheitspflege wirklich durchführen.

Weder der höchste Intelligenzquotient noch die sensibelste emotionale Offenheit oder die wunderbarsten Seelenerfahrungen nützen etwas, wenn wir uns um unser physisches Wohlbefinden nicht genügend kümmern oder sogar körperlich unnötig leiden. Auch wenn vieles Schicksal, Veranlagung, Lebensumstände oder Karma sein mag: Wir haben doch selbst auch sehr viel in der Hand, ob wir vorausschauend und eigenverantwortlich etwas für unsere bestmögliche Gesundheit tun oder nicht. Falls Sie andere, bessere Methoden der Gesunderhaltung und Vorbeugung kennen, um so besser. Dann folgen Sie Ihren Wegen. Aber tun Sie etwas für sich!

Die Schatulle und ihr Inhalt

Der Seelenquotient in den Mythen der Welt

Ein Weiser verbrachte eine Nacht in einem Tempel. Am späten Abend kam ein frisch verheiratetes Pärchen zum Tempel, um dem Priester einige Opfergaben zu bringen, Süßigkeiten und einen kleinen Geldbetrag. Der Priester gab den Frischvermählten seinen Segen, steckte die Münzen ein und reichte dem Weisen die Süßigkeiten. Der Weise stand auf und richtete folgende Worte an das junge Ehepaar: »Bitte achtet auf meine Worte, liebe Tochter und lieber Sohn. Auch ich bitte Gott um seinen Segen für euch. Aber ihr beide, du schmucker Bräutigam und du schöne Braut, ihr werdet sterben müssen.«

Die Familien der beiden erschraken sehr, als sie diese Worte hörten, und auch die Brautleute mußten alle Kraft zusammennehmen, um ihre Fassung zu bewahren. Einer fragte verärgert: »Weiser, warum mußt du diese glücklich Frischvermählten so erschrecken und ihnen baldiges Unheil voraussagen?«

Der Weise stellte fest, daß er mißverstanden worden war, und erläuterte seine Worte: »Ich kann und darf euch nicht anschwindeln, und das möchte ich auch nicht. Es gibt genügend Menschen in der Welt, die diese Rolle nur allzugern spielen. Was ich euch soeben in Erinnerung gerufen habe, ist jedermann als eine Tatsache bekannt. Wer geboren ist, muß auch sterben. Geburt und Tod sind zwei Enden eines Seils. Das eine folgt dem anderen mit Sicherheit, früher oder später, je nachdem, wie lang das Seil ist. Deshalb braucht man sich über den bevorstehenden Tod des Körpers weder zu grämen noch darüber zu erschrecken. Jedoch sollte sich jeder Mensch beizeiten darum sorgen, ob er die einzigartige Gelegenheit des menschlichen Lebens nutzt oder verschwendet. Nur im menschlichen Körper ist es möglich, die Seele mit dem Schöpfer zu verbinden und zu befreien.«

Der Weise lächelte, blickte in die Runde und fügte hinzu: »Die Schatulle, in welcher der Reiche seine Edelsteine aufbewahrt, ist nicht so wichtig wie ihr unbezahlbarer Inhalt.«

Diese Welt ist nicht mehr als eine Brücke, sie ist keine Stadt der ewigen Freuden. O Erwachter, jeder muß diese Welt eines Tages verlassen. Schau darauf, daß du deine Zeit nutzt.

Maya: Wunder des Gemüts

Der Seelenquotient in den Mythen der Welt

Ein Wahrheitssucher befand sich eines sonnigen Tages im Bazar, um einige Dinge für den Alltagsbedarf zu kaufen. Zuvor hatte er der Ansprache eines Heiligen gelauscht, der auf die Macht des Gemüts hingewiesen hatte. Der Wahrheitssucher hing seinen Gedanken nach und überlegte, ob das Gemüt denn wirklich so viel Kraft besitze, daß es Menschen von den wesentlichen Dingen des Lebens ablenken könnte. So sprach er vor sich hin: »Wenn das Gemüt mir doch nur einmal seine wahre Macht zeigen würde.« Es war ihm, als ob er auf seine innerlich gestellte Frage eine Antwort erhielt. Er vernahm eine feine Stimme, die ihm sagte: »Gern, warte nur eine kleine Weile.«

Kurz darauf sah er, wie ein Honigverkäufer, der seinen Finger in den Honig gesteckt hatte, ihn an der Wand abwischte. Wenig später war der Honig von einem Schwarm von Fliegen bedeckt, die zwar feststeckten, aber immerhin doch gleichzeitig den Honig aßen. Kurz darauf bemerkte ein Gecko den Fliegenschwarm auf der Wand, stürzte sich behende darauf und aß die Fliegen mitsamt dem Honig. Die Katze, die dem Ladeneigentümer gehörte, sah den Gecko, sprang hinauf an die Wand, hielt ihn allsogleich in ihren Krallen und verspeiste ihn dann rasch.

Ein Hund sah die Katze, wie sie den Gecko aß, jagte auf sie zu und ihr hinterher, als sie zu entkommen suchte, erwischte sie dennoch und tötete sie mit einem Biß. Der Inhaber des Ladens mußte mit ansehen, wie seine Lieblingskatze von einem Hund totgebissen wurde, und beauftragte seine beiden Helfer, den Hund zu erschlagen, was sie auch taten.

Der Hund indes gehörte einem Kunden, einem Freund des Inhabers, der gerade im Laden etwas einkaufte. Er wurde Zeuge, wie sein Hund von den Helfern erschlagen wurde, begann den Eigentümer zu beschimpfen, was rasch in einen Faustkampf ausartete, bei dem sich beide so malträtierten, daß ein Arzt herbeigerufen werden mußte.

Der Wahrheitssucher stand wie benommen von all den Ereignissen, die so kurz hintereinander geschehen waren. Die feine Stimme meldete sich wieder und sprach: »Nun, hast du jetzt erlebt, welche Art von Wundern das Gemüt wirkt? Das Gemüt hat so viel Macht, daß es aus kleinsten Wünschen größte Probleme erschaffen kann. Sieh, die kleinen Fliegen hatten ein Verlangen nach Honig. Ihr Gemüt und ihre Sinne schufen diesen Wunsch. Und wozu hat das geführt? Zu einem blutigen Kampf zwischen Männern, die eigentlich Freunde sind. Wenn du möchtest, kann ich dir ähnliche Dinge zeigen, die das Gemüt mit seiner Macht, Verlangen zu erwecken, überall und jederzeit in der ganzen Welt bewirkt.«

Reinige dein Gemüt, und richte deine Ermahnungen und Predigten nur an dich selbst. Sobald du dein Gemüt zu beherrschen lernst, wird dir die ganze Welt hinterherlaufen.

12. Ein 12-Schritte-Programm zur Entwicklung des SQ

Der Mensch ist für eine freie Existenz gemacht,
und sein innerstes Wesen sehnt sich nach dem Vollkommenen,
Ewigen und Unendlichen als seinem Ursprung und Ziel.

Matthias Claudius

Zwölf Schritte zum Kontakt mit der Seelenkraft und Gotteskraft

Herzlichen Glückwunsch! Das haben Sie wunderbar gemacht, daß Sie sich bis hierher durchgelesen und »durchgehalten« haben. Wie alle Vorschläge in diesem Buch, ist auch der nächste einfach eine weitere Möglichkeit, sich zu entwickeln. Keiner erwartet von Ihnen, daß Sie alle Übungen auf einmal machen. Wenn Sie den Impuls spüren, daß Sie sich das folgende 12-Schritte-Programm näher anschauen wollen, so tun Sie das. Wenn nicht, überspringen Sie diesen Abschnitt einfach, damit nicht zu viele Übungsvorschläge Ihren Spaß an der Bewußtseinsentwicklung dämpfen. Sie sind auf jeden Fall auf dem Weg zu einem erwachten, selbstbewußten Leben ein großes Stück vorangekommen!

Vermutlich haben Sie dieses Buch nicht »an einem Stück« gelesen, sondern es im Verlauf mehrerer Tage oder Wochen immer wieder zur Hand genommen. Sie haben den ersten Test »Was ist Ihr SQ?« gemacht, Sie haben einige der Übungen ausprobiert, Sie haben inzwischen in Ihrem Leben kleinere oder größere Veränderungen und Verbesserungen eingeleitet.

Jetzt ist ein guter Zeitpunkt, um sich aus einer anderen Perspektive erneut mit dem gleichen Thema zu befassen. Jetzt ist es gut, Vorsätze zu vertiefen und ganz praktische Alltagsschritte vorzubereiten, die zur zweiten Gewohnheit werden. Dazu dient dieses Kapitel.

Der geistige Ansatz in diesem Kapitel und die entsprechenden Handlungsvorschläge sind aus den Grundsätzen und Erfahrungen der *Anonymen Alkoholiker* weiterentwickelt worden. Bekanntlich haben sie das weltweit beste und erfolgreichste Programm zur Suchtbekämpfung entwickelt. Es wird seit rund sechzig Jahren von Millionen von Menschen angewandt, um ihrem Leben wieder Halt und Sinn zu geben.

Bei jeder Sucht – nicht nur beim Alkoholismus – handelt es ich in den meisten Fällen um eine leider fehlgeleitete und am Ende selbstzerstörerische Suche nach Glück. Um aus einem solchen Teufelskreis herauszukommen, müssen wir beginnen, die höchste Erfüllung am richtigen Ort zu suchen – innen, nicht außen, im unbegrenzten geistigen Bereich, nicht im endlichen irdischen. Das Grundprinzip des 12-Schritte-Programms der Anonymen Alkoholiker besteht darin, sich für eine überpersönliche, höhere schöpferische Kraft zu öffnen, nenne man sie, wie man wolle.

Den Fragebogen zur Seelenpyramide habe ich aus meiner eigenen Schulung im Coaching weiterentwickelt. Schauen wir uns zunächst die 12 Schritte im Überblick an, und sehen wir dann, wie wir sie nacheinander in unserem Alltagsleben umsetzen können.

12 Schritte zum Lebenssinn

1. Ich stelle fest, daß ich mein Leben ohne einen höheren Sinn verschwende.
2. Ich glaube, daß es eine Kraft gibt, die größer ist als mein kleines Ich, die meine Seele heilen kann.
3. Ich entscheide mich, daß ich ab jetzt, ab heute, mein Leben Gott anvertraue, *so wie ich Gott auffasse.*
4. Ich ziehe ohne jede Angst eine genaue Bilanz über mein bisheriges Leben.
5. Ich gestehe Gott und einem anderen Menschen meine bisherigen Verfehlungen ein.
6. Ich mache mich bereit, daß die Gotteskraft alle meine Charakterschwächen beseitigt.
7. Ich bitte Gott in Demut, meine Schwächen zu beseitigen und mein Stärken zu entwickeln.
8. Ich stelle eine Liste auf von Menschen, die ich verletzt habe, und ich mache mich bereit, sie um Vergebung zu bitten bzw. den Fehler wiedergutzumachen.
9. Ich mache die Fehler im direkten Austausch mit diesen Menschen wieder gut, außer in jenen Fällen, in denen das sie oder andere schädigen oder belasten würde.
10. Ich ziehe laufend immer wieder Bilanz und gebe Fehler unmittelbar zu.
11. Ich bemühe mich im Gebet und in der Meditation um den bewußten Kontakt zu Gott, *so wie ich Gott auffasse*, um seinen Willen für mein Leben zu erkennen und um die Kraft zu bitten, ihn auszuführen.
12. Wenn ich als Ergebnis der elf von mir ausgeführten Schritte zu einem spirituellen Erwachen gelange, werde ich versuchen, auch andere leidende Menschen über den Zugang zur Seelenkraft und Gotteskraft auf diesem Weg zu informieren und ihnen auf ihrem Weg zu helfen.

1. Ich stelle fest, daß ich mein Leben ohne einen höheren Sinn verschwende.

Womit verbringen wir den lieben langen Tag? Der Wecker reißt uns am Morgen aus unseren Träumen, wir wachen auf, reiben uns vielleicht noch etwas müde die Augen, stehen auf, gehen ins Bad, trinken vielleicht einen Schluck Wasser, machen uns Frühstück, schauen zwischendurch ständig auf die Uhr, erwischen gerade noch Bus oder U-Bahn und kommen schon mit dem Streß eines hastigen Tagesbeginns zur Arbeit.

Wir erledigen unsere Tagespflichten, versuchen mit den Kollegen einigermaßen gut auszukommen, denken an unsere nächsten Verpflichtungen, haben meist zuwenig Zeit für die Familie, irgendwann wollen wir auch etwas Freizeit genießen, etwas für unsere Gesundheit tun ... Ja, was ist unser Leben? Eine ständige Pflicht, ein ewiger Kreislauf – und unterdessen werden wir älter, viele Hoffnungen erfüllen sich nicht ...

Und selbst wenn wir Erfolg finden, gutes Geld verdienen, die Umwelt uns Anerkennung zollt, wenn wir einen lieben Partner haben und Kinder, die uns Freude machen – ist das alles?

Häufig genug macht sich eine gewisse geistige Müdigkeit bemerkbar. Das ist dann oft genug nicht einfach das Burn-out-Syndrom, das Ausgebrannt-Sein durch zuviel Alltagsstreß und Routine, sondern die Gründe liegen meist tiefer: im Mangel eines echten Lebenssinns. Bei manchen Menschen tauchen aus heiterem Himmel Krankheiten oder Unglücksfälle im Leben auf, oder sie stehen plötzlich vor einer scheinbar ausweglosen Situation (Arbeitsplatzverlust, »unheilbare« Krankheit, Todesfall). Auch hier geht es häufig nur vordergründig um das jeweilige Symptom, hintergründig aber um den Lebenssinn.

Selbst wenn wir nicht das Gefühl haben, unser Leben zu »verschwenden«, sondern in vollen Zügen zu leben und zu genießen, kommt uns unter Umständen das Bibelwort in den Sinn: »Was nützte es dem Menschen, wenn er die ganze Welt gewönne, aber Schaden nähme an seiner Seele?« Denn eines Tages werden wir ja Abschied von diesem Erdenleben nehmen müssen und uns von unserem Körper, von Familie und Haus, Beruf und Umwelt trennen müssen.

Zumindest für diejenigen unter uns, die in Problemen stecken, die sie selbst nicht (mehr) lösen können – ob es sich nun um Suchtabhängigkeit, Krankheit, Verzweiflung, Depression oder anderes handelt –, gilt, daß wir unser Leben »verschwenden«, wenn wir uns nicht wenigstens bemühen, einen höheren Sinn von Leiden (und Freuden), von Leben und Sterben zu suchen.

Gerne erinnere ich an dieser Stelle an die bahnbrechende Einsicht des wunderbaren Arztes und Psychotherapeuten Viktor Frankl: »Wer krank ist, kann nur dann grundlegend und dauerhaft gesund werden, wenn er einen Sinn im Leben findet.« Und ich füge aus meiner begrenzten Lebenserfahrung hinzu: Wer gesund ist, wird auf die Dauer und grundlegend krank, wenn er keinen Sinn im Leben findet.

Der erste Schritt in diesem spirituellen 12-Schritte-Programm besteht darin, einen höheren Sinn zu finden. Wir beginnen damit, indem wir feststellen, daß wir in der Regel in unserem Alltagsleben keinen höheren Sinn haben und ihn bewußt leben, sondern das Leben als ein ziemliches Chaos, als absurdes Theater, als ungerechtes Schicksal oder in ähnlicher Weise auffassen und auf diesem mehr oder minder stürmischen Meer ziemlich ziellos herumschippern.

Nachdem wir erkannt haben, daß wir ohne höhere Einsicht möglicherweise ständig wie blind auf dieser Bühne des Lebens umhertapsen, sollten wir beginnen, nach einem höheren Sinn zu suchen, nach einer »Regieanweisung«, damit dieses Schauspiel so werden kann, daß alle Akteure und das Publikum erfüllt werden und ihre Freude haben.

Übung für 3 Tage

- Nehmen wir uns jeden Morgen und jeden Abend fünf Minuten Zeit.
- Setzen wir uns still hin, schließen wir die Augen.
- Bitten oder fragen wir nun nach innen mehrfach: »Gibt es einen höheren Sinn in meinem Leben?«
- Bleiben wir dann still sitzen und spüren wir, welche Antworten oder Impulse in uns zu schwingen beginnen.
- Wenn Sie möchten, notieren Sie Ihre Antworten in Ihrem persönlichen Tagebuch.

2. *Ich glaube, daß es eine Kraft gibt, die größer ist als mein kleines Ich, die meine Seele heilen kann*

Wie groß ist unsere Ich-Kraft? Es ist offensichtlich, daß wir nicht alle Probleme der Welt und des Lebens lösen können. Wir können nicht alle Krankheiten heilen, nicht alle Naturkatastrophen verhindern, nicht alle Menschen in Arbeit und Brot bringen ... Wenn wir es könnten, würden wir das ja tun.

Und wenn wir vielleicht sogar die notwendigen materiellen Mittel dazu haben, aber sie nicht sinnvoll einsetzen (siehe der erste Schritt: ein *höherer* Sinn!), zeigt das doch an, daß wir unsere seelischen Probleme nicht aus eigener Kraft lösen können. Ausbeutung und Unterdrückung von Menschen untereinander, Terror und Gewalt gegen Schwächere, Hartherzigkeit oder Gedankenlosigkeit bei der gerechten Verteilung der Ressourcen sind gesamtgesellschaftliche Symptome dafür, wie krank unsere Seelen sind, wie sehr sie der Heilung bedürfen. Die vielen psychosomatischen Krankheiten, die hohe Selbstmordrate in den sogenannten zivilisierten Ländern, der enorme Verbrauch an Psychopharmaka sind Symptome, wie sehr die Krankheit der Seele die vielen einzelnen erfaßt hat. Aus eigener Kraft und allein mit den Mitteln von Medizin und Therapie können wir die Seele offenbar nicht heilen. Wir müssen uns auf den Weg machen, nach einem Heilmittel zu suchen, das überpersönlich und nicht-materiell ist.

Der zweite Schritt besteht also darin, daß wir es für möglich halten – versuchsweise sozusagen –, daß es eine Kraftquelle gibt, die auch dann noch sprudelt, wenn wir körperlich und seelisch ausgelaugt und am Ende sind.

Wir müssen es nicht in dem Sinne glauben, daß wir es uns etwa einreden oder blind glauben.

Um es bildhaft zu sagen: Wenn wir uns in der Wüste verirrt haben und am Verdursten sind, müssen wir es wenigstens für möglich halten, daß es irgendwo eine Oase gibt. Denn wenn wir nicht an die Existenz einer Oase glauben, werden wir wohl wenig Antrieb spüren, doch noch die letzten Kräfte zusammenzunehmen und uns auf den Weg dorthin zu schleppen.

Noch einmal anders ausgedrückt: Wir müssen bereit werden und das Experiment wagen, zusätzlich oder vielleicht sogar anstatt unserer üblichen Methoden nach einem Heilmittel zu suchen, das nicht von dieser Welt ist. Denn diese Welt ist endlich, begrenzt auf Raum und Zeit, irdisch-sterblich.

Unser Seelenschmerz, unsere Not, unser Leiden am Leben, unsere ungestillte Sehnsucht nach dauerhafter Liebe, nach ewigwährendem Leben, nach einem allzeit lichtvollen Bewußt-Sein ist jedoch unendlich, unbegrenzt. Um diesen Schmerz zu heilen, um diese Sehnsucht zu stillen, müssen wir die Existenz einer höheren Kraft zumindest für möglich halten, damit wir uns überhaupt auf den Weg machen können, danach zu suchen.

Übung für 3 Tage

- Nehmen wir uns jeden Morgen und jeden Abend fünf Minuten Zeit.
- Setzen wir uns still hin, schließen wir die Augen.
- Wiederholen wir nun in Gedanken, aus dem Herzen heraus: »Ich öffne mich für eine höhere Kraft des Lebens, die mich liebevoll und weise führt.«
- Bleiben wir still sitzen und spüren wir nach, welche Antworten oder Impulse in uns zu schwingen beginnen.

3. Ich entscheide mich, daß ich ab jetzt, ab heute, mein Leben Gott anvertraue, so wie ich Gott auffasse.

Wer oder was ist diese Kraftquelle? Wer oder was hat sie geschaffen? Wer oder was speist sie? Es steht auch der modernen Wissenschaft inzwischen deutlich vor Augen, daß es eine große Kraft gibt, aus der das Leben stammt, die die Gesetze des Lebens bestimmt. Zufall ist etwas, was einem nach den Naturgesetzen zufällt – die auch in der Welt der Seele gelten! Das Gesetz von Ursache und Wirkung, von Aktion und Reaktion gilt überall in der materiellen, physikalischen Welt. Sollte es etwa in der Welt des Geistes nicht gelten? (In meinem Buch *Es steht geschrieben: Ist unser Leben Schicksal oder Zufall, Karma oder Chaos?* habe ich darüber ausführlich geschrieben.)

Nichts stammt aus dem Nichts, alles hat Ursprung und sogar Sinn. Wie man diese uranfängliche Kraft nennt, spielt keine Rolle. Man mag sie Gott nennen oder Jahve, Allah oder Buddha-Natur, kosmische Lebensenergie oder »Die große Mutter«, Ram oder Sat Purush.

Der britische Physiker Fred Hoyle hat zum Zusammenhang zwischen den Naturgesetzen und der Existenz der Menschheit einmal gesagt (nachzulesen in dem angesehenen Wissenschaftsmagazin *Scientific American*): »Es ist wahrscheinlicher, daß, nachdem ein Hurrikan über den größten Schrottplatz Londons gefegt ist, dort eine flugfähige Boeing 747 steht, als daß die Entwicklung der Menschheit und des Bewußtseins durch Evolution oder Zufall entstanden wäre.«

Daß alles eine Ursache hat, ist noch relativ einfach nachzuvollziehen. Wie sieht es aber damit aus, daß alles auch Gründe hat, einen Sinn also? Betrachten wir einmal das Leben in unserem näheren Umkreis. Es hat Ursachen, warum wir ein Bett haben kaufen können: weil jemand es gebaut hat, weil wir das Geld dazu verdient haben und so fort. Es hat aber auch einen Sinn, warum wir das Bett haben: damit wir bequemer schlafen und uns besser ausruhen können als auf dem harten Boden.

Meinen wir eigentlich, daß alles im Leben Ursachen und Gründe hat, daß einzig und allein unsere schiere Existenz, das Sein und das Bewußtsein keine Ursachen und Gründe haben? Sich mit dem Sinn zu beschäftigen, sich auf die Suche nach den Ursachen und Gründen zu begeben, ist der Anfang der spirituellen Entwicklung. Dabei stoßen wir über kurz oder lang darauf, daß es eine geheimnisvolle Kraft geben *muß*, die hinter dem Leben steht. Die Mystiker aller Kulturen und Religionen haben ihr Trachten darauf gerichtet, diese Kraft zu erfahren, die mit den begrenzten irdischen Augen nicht zu sehen ist und die wir mit den begrenzten physikalischen Methoden nicht messen können.

Wie gesagt, wie Sie diese Kraft auffassen und wie Sie sie nennen, spielt in unserer modernen Zeit praktisch keine Rolle mehr, da wir in den meisten Gesellschaften nicht mehr dafür gemaßregelt oder gar bestraft werden, wenn wir nicht diese oder jene »offizielle« Bezeichnung benutzen, wenn wir nicht die *ex cathedra* erlassene Form des Gebets wählen und dergleichen mehr. Die Zeiten der bei Strafandrohung und Verdammnis mehr verhängten als offenbarten Dogmen ist, Gott sei Dank, vorbei.

Das ändert aber nichts daran, daß wir ohne ein Einlassen auf diese Kraft, ohne eine Öffnung für ihr Wirken in unserem Alltagsleben, nur aus unserer begrenzten Ich- oder Egokraft heraus mehr schlecht als recht existieren.

Deshalb besteht der dritte Schritt im 12-Schritte-Programm darin, daß wir anfangen, unsere Aufmerksamkeit ganz bewußt auf »Gott« zu richten – auch und besonders dann, wenn wir gar nicht fromm, gläubig, religiös oder gar heilig sind. Wer mit »Gott« nichts anfangen kann, möge diese Übung als Experiment machen. Sie haben ja nichts zu verlieren, die Übung kostet nichts und dauert nur wenige Minuten. Probieren Sie sie also bitte wirklich aus!

Übung für 3 Tage

- Nehmen wir uns morgens und abends Zeit.
- Setzen wir uns still hin, schließen wir die Augen.
- Fragen oder sagen wir nun nach innen mehrfach: »Gott, wenn es dich gibt, zeige mir bitte einen Weg zu dir.«
- Bleiben wir still sitzen, und spüren wir nach, welche Antworten oder Impulse in uns zu schwingen beginnen.

4. Ich ziehe ohne jede Angst eine genaue Bilanz über mein bisheriges Leben.

Wo stehe ich? Welche Lebensziele habe ich? Habe ich überhaupt welche, oder lebe ich in den Tag hinein? Lassen wir uns treiben? Verfolgen wir eine gut überlegte Planung? Lassen wir uns spontan inspirieren? Wie führe ich mein Leben?

Womit in meinem bisherigen Leben bin ich einverstanden? Was ist gut? Was ist hilfreich? Was ist aufbauend, gesund, stärkend, liebevoll? Auf welche Weise gehe ich freundschaftlich und herzlich auf meine Mitmenschen ein?

Und womit kann ich nicht einverstanden sein? Welche Schwächen habe ich? Unter welchen Abhängigkeiten, Suchtverhaltensweisen oder schlechten Gewohnheiten leide ich? Leiden meine Mitmenschen auch darunter? Gibt es Ängste (oder »Fehler«), die mein Leben stark bestimmen oder überschatten?

Bin ich glücklich und erfüllt – oder eher nicht? Habe ich resigniert, oder bin ich voller Zuversicht?

Für viele Menschen ist es eine große Hilfe, wenn sie sich wichtige Eckdaten oder Grundlagen ihres Lebens auch schriftlich vor Augen halten. Sie können eine ganz einfache Übersicht machen, auf einem einzigen Blatt Papier.

Dort schreiben Sie folgende neun Punkte auf: die drei belastenden Ängste (oder Fehler), die Sie in Ihrem Leben erfahren haben bzw. jetzt noch spüren, die drei wunderbarsten Hoffnungen, die Sie hegen, wie sich Ihr Leben so erfüllen kann, daß Sie durch und durch glücklich sind, und schließlich die drei konkreten Schritte, die Sie in der überschaubaren Zukunft machen können, um Ihr Leben zu wandeln.

Seien Sie bitte nicht schüchtern in Ihren Hoffnungen. Denken Sie auch nicht, daß Sie vielleicht gar nicht genau wissen, welche Schritte Sie unternehmen könnten oder sollten, um Ihre Visionen zur Realität werden zu lassen. Schreiben Sie einfach auf, was Sie innen spüren. Es gibt kein Richtig oder Falsch, kein Gut oder Schlecht dabei. Es kommt vielmehr darauf an, daß Sie sich bewußt mit dieser Thematik auseinandersetzen. Alles andere dürfen Sie getrost der höheren Kraft in Ihnen überlassen, die Sie schon auf die richtige Weise inspirieren wird.

Übung für 3 Tage

- Nehmen wir uns jeden Abend fünf Minuten Zeit.
- Notieren wir am ersten Tag, welche drei größten Ängste uns belasten, welche drei schönsten Hoffnungen uns bewegen und welche drei konkreten Schritte wir unternehmen werden, um Ängste abzubauen und Hoffnungen Wirklichkeit werden zu lassen.
- Überprüfen wir an den beiden folgenden Tagen, ob sich mit etwas Abstand unsere Sicht vielleicht noch ändert.
- Machen wir uns einen Zeitplan, welchen der drei konkreten Schritte wir in einer Woche gemacht haben werden, welchen in einem Monat und welchen in einem Jahr.

5. Ich gestehe Gott und einem anderen Menschen meine bisherigen Verfehlungen ein

Das ist zugleich ein sehr heikler und ein sehr wichtiger Punkt. Das Niederschreiben von Ängsten oder bisherigen Fehlern war ein erster wichtiger Schritt zu Bewußtwerdung und Ehrlichkeit gegenüber sich selbst. Der nächste Schritt ist, Verfehlungen »Gott« anzuvertrauen. In diesem Vorgang kommt einerseits zum Ausdruck, daß wir eine höhere »moralische« Instanz anerkennen, und andererseits geben wir damit das bisherige Leben auch ab. Wir reichen unsere Fehler weiter im Bewußtsein, daß die höhere Kraft auch das bisherige Geschehen wandeln und zum Ausgangspunkt unserer positiven Transformation machen kann.

Als drittes wird das tatsächliche Aussprechen unserer Verfehlungen einem realen Menschen gegenüber, der uns nur zuhört (ohne zu kommentieren!), ebenfalls einen stark therapeutischen Effekt haben.

Bitten Sie einen Menschen, sich einmal eine kurze Zeit anzuhören, was Ihnen am Herzen liegt. Dieser Mensch soll wirklich nur zuhören, er muß, soll und darf dabei nichts kommentieren! Es kann ein Freund oder eine Freundin sein (vielleicht sogar der Partner), unter Umständen aber auch ein Lebensberater oder ein Geistlicher.

Es geht *nicht* darum, Antworten oder Ratschläge zu erhalten, sondern in Worten auszudrücken und damit auch mental bewußt zu machen und sozusagen ans Tageslicht der äußeren Welt zu bringen, was zuvor Stolpersteine oder Hindernisse auf Ihrem bisherigen Lebensweg waren. Länger als etwa zehn oder maximal fünfzehn Minuten über vergangene Probleme zu sprechen würde die Gefahr in sich bergen, die gedankliche Konzentration zu verlieren und in überflüssiger Gefühlsduselei oder unnötiger Selbstzerfleischung aufzugehen. Das ist übrigens auch sehr ungesund!

Übung für 3 Tage

Übung A

- Nehmen wir uns morgens und abends etwas Zeit.
- Setzen wir uns still hin, schließen wir die Augen.
- Bitten wir nun nach innen: »Dies und jenes (Sie nennen, worum es sich handelt) hat mein Leben belastet. Hier und dort (Sie sagen, worum es bei Ihnen geht) habe ich mich falsch verhalten und Menschen verletzt.«
- Bleiben wir dann still sitzen und spüren wir, welche Antworten oder Impulse in uns zu schwingen beginnen.

Übung B

- Suchen Sie das Gespräch mit einem Menschen, der bereit ist, Sie – kommentarlos! – anzuhören, und zu dem Sie Vertrauen haben.
- Sprechen Sie sich mindestens fünf, höchstens zehn Minuten darüber aus, welche Ängste, Fehler und Verfehlungen Sie am meisten belasten bzw. Ihnen bewußt geworden sind.
- Nennen Sie Ihre drei größten Hoffnungen und die drei konkreten Schritte mitsamt Zeitplan – hier ist ebenfalls kein Kommentar notwendig.
- Trinken Sie dann gemeinsam eine gemütliche Tasse Tee oder einen erfrischenden Saft, lassen Sie »Gott« einen guten Mann (oder eine gute Frau) sein, und freuen Sie sich des Lebens!

6. *Ich mache mich bereit, daß die Gotteskraft alle meine Charakterschwächen beseitigt.*

Können wir uns aus eigener Kraft aus dem Sumpf ziehen, wenn wir einmal in einen hineingeraten sind? Das gelingt wohl nur dem sprichwörtlichen Baron Münchhausen, daß er sich am eigenen Schopfe hochziehen kann.

Das Bereitmachen besteht darin, daß wir erkennen,

- daß wir Probleme haben,
- daß wir selbst uns nicht allein helfen können,
- daß es eine Notwendigkeit gibt, um Hilfe von »oben« oder »innen« zu bitten.

Die Bereitschaft, Hilfe zu bekommen, wird entweder mehr emotional oder mehr mental entwickelt, je nach Persönlichkeitstyp. Wichtig ist jedoch, daß wir sowohl mental als auch emotional offen sind bzw. werden. Nur zu fühlen oder nur zu denken reicht meist nicht – Fühlen und Denken müssen gleichermaßen auf das gemeinsame Ziel ausgerichtet sein.

Übung für die ganze Woche

- Nehmen wir uns morgens und abends fünf Minuten Zeit.
- Schließen wir die Augen und überlegen wir: Welche Charakterschwäche möchte ich heute bzw. morgen loslassen? Worauf werde ich heute bzw. morgen besonders achten?
- Nehmen Sie sich vor, heute bzw. am nächsten Tag noch bewußter zu leben.

7. Ich bitte Gott in Demut, meine Schwächen zu beseitigen und meine Stärken zu entwickeln.

»Wenn wir einen Schritt tun, kommt uns Gott tausend Schritte entgegen«, sagen die heiligen Schriften aller Zeiten. Allein auf uns gestellt, kommen wir nicht weit. »Der Geist ist willig, aber das Fleisch ist schwach«, lautet ein anderer bekannter Spruch. Aber nur auf die Gnade von oben zu bauen und sich selbst nicht zu bemühen, selbst keine Anstrengung zu unternehmen ist in den meisten Fällen Augenwischerei oder Flucht vor der Eigenverantwortung.

Die Wandlung des Menschen ist ein allmählicher Prozeß. Es hat einige Zeit gedauert, bis sich aus unbedachten Verhaltensweisen eingefleischte Ich-Gewohnheiten entwickelt haben. Es wird also auch einige Zeit dauern, bis neue, bessere Verhaltensweisen und Gewohnheiten entstehen. Dabei müssen wir den ersten Schritt machen. (Ja, es ist durchaus möglich, daß selbst der Impuls für diesen ersten Schritt nicht unserem kleinen Ego entspringt, sondern bereits einen göttlichen Akt der Barmherzigkeit darstellt – nur sehen wir das aus unserer Perspektive ja nicht genau; also müssen wir uns auch für uns selbst einsetzen.)

Eine Möglichkeit, mit Problemen, Ängsten, Schwächen und Fehlern umzugehen, besteht darin, sie festzustellen, sie zu analysieren, dagegen anzukämpfen und so fort. Eine andere Möglichkeit – die ich für besser halte – ist, schon vorhandene Stärken zu entwickeln und unsere Zeit für positive Verhaltensweisen einzusetzen.

Die größte Stärke, die wir während dieses Erdenlebens entfalten und umsetzen können, ist selbstloser, liebevoller Dienst am Nächsten. Selbstloser Dienst bedeutet, für das, was man denkt, fühlt, sagt oder tut, keine Gegenleistung zu erwarten. Selbstloser Dienst erfüllt den Menschen langsam, aber sicher mit dem Elixier einer geistigen Kraft, die stärker ist als alle Süchte oder Verhaftungen, stärker auch als alle herabziehenden Einflüsse.

Dieses Elixier ist eine geistige, überpersönliche und dennoch vom Herzen kommende Liebe, die unser Fühlen und Tun mit einer göttlichen Klarheit und Kraft, mit Hingabe und Harmonie erfüllt.

> Ich habe gelernt, die gesamte Schöpfung als mein eigen zu schätzen; deine Botschaft der Liebe ist der innerste Sinn meines Lebens.

So dichtete ein bedeutender spiritueller Meister, Sant Darshan Singh, der sein eigenes Leben dem körperlichen und seelischen Dienst am Nächsten gewidmet hatte.

Selbstloser Dienst als »Medizin« gegen alle Schwächen funktioniert recht einfach: Wenn wir beispielsweise depressiv sind, schauen wir, wem es noch schlechter geht, und bieten diesem Menschen unsere Hilfe an. Wenn wir gerade dabei sind, in eine alte, schlechte Gewohnheit zurückzufallen, blicken wir uns um, wer Zuspruch braucht, wer Unterstützung bei der Lösung von Problemen benötigt. Wem können wir ein Lächeln oder ein Wort der Aufmunterung schenken? Wem können wir helfen – physisch, emotional, mental? Wenn wir diese Art der Einstellung nach und nach zum roten Faden unseres Lebens machen, haben wir nur noch wenig Zeit, um über unsere vergleichsweise kleinen Problemchen nachzudenken. Wir haben dann auch keine Zeit mehr, uns auf allen möglichen Irrwegen oder in allzu schlechten Gewohnheiten zu verlieren.

Übung für 3 Tage

- Nehmen wir uns an jedem Morgen vor, heute ganz bewußt darauf zu achten, wer unsere Hilfe braucht.
- Suchen wir wenigstens an jedem dieser drei Tage drei Gelegenheiten – kleinere oder größere –, Hilfe zu geben, ohne viel Aufhebens davon zu machen.
- Überlegen wir abends an jedem dieser drei Tage, welche Hilfe wir geben durften und wie wir uns dabei gefühlt haben oder jetzt noch fühlen.

8. Ich stelle eine Liste auf von Menschen, die ich verletzt habe, und ich mache mich bereit, sie um Vergebung zu bitten bzw. den Fehler wiedergutzumachen.

Dieser Schritt mag uns schwerfallen. Aber wenn wir Mißverständnisse nicht aufklären, wenn wir (unsere eigenen) Fehler nicht eingestehen, wenn wir nicht den ersten Schritt tun, um Unrecht wiedergutzumachen – wer sonst sollte das denn für uns tun? Und wenn das ungetan bliebe, wer anders als wir selbst würde dann unter dieser Last leiden?

Es ist also im wohlverstandenen »eigensüchtigen« Interesse, das, was der Osten »altes« Karma nennt, was wir im Westen als »Schuldkonten« bezeichnen können, nun alles mit Gottes Hilfe aufzulösen. (Heilige oder spirituell verwirklichte Menschen, die man auch Meister nennt, gewähren bei diesem Schritt die besondere Hilfe, daß sie mit ihrer geistigen Kraft Altes aufzulösen helfen. Mehr dazu in meinem Buch *Das Buch der Meister*, siehe Anhang.)

Der Anfang ist gemacht, wenn wir uns dessen bewußt werden, wem wir in welcher Weise im bisherigen Leben geschadet haben, wen wir ausgenutzt haben, wen wir belogen oder hintergangen haben, wen wir verletzt haben.

Um das klarer vor Augen zu haben, legen wir eine Liste an. Nehmen wir uns dazu ruhig eine ganze Woche lang Zeit. Denn es werden uns immer mehr Menschen einfallen, denen wir etwas »schulden«. Es kommt *nicht* darauf an, daß wir festhalten, wer uns vielleicht noch etwas »schuldet«. Diese Selbstreinigung betrifft uns allein.

Übung für eine ganze Woche

- Nehmen wir uns an jedem Tag fünf Minuten Zeit.
- Setzen wir uns mit einem Blatt Papier hin, und notieren wir die Namen all der Menschen, die uns einfallen, denen wir etwas »schuldig« sind.
- Schreiben wir jeweils dahinter, worum es ging (böse oder falsche Worte, liebloses oder aggressives Verhalten, Geld etc.)
- Am Ende der Woche nehmen wir uns die inzwischen vermutlich schon recht lange Liste vor und gehen sie Punkt für Punkt durch, um sie eventuell noch zu ergänzen oder zu korrigieren. Sie dient uns als Grundlage für den neunten Schritt.

9. Ich mache die Fehler im direkten Austausch mit diesen Menschen wieder gut, außer in jenen Fällen, in denen das sie oder andere schädigen oder belasten würde.

Nehmen wir uns nun die Liste von Schritt acht vor. Stellen wir fest, welche fünf oder zehn wichtigsten Vorfälle noch unbereinigt und welche »Schuldkonten« noch offen sind. Es hat wenig Sinn zu versuchen, alles zu klären. Denn wenn wir wach geworden sind, werden wir uns an Hunderte von Ereignissen in unserem Leben erinnern, in denen wir vielen Menschen irgendwie geschadet haben. Es wäre unrealistisch zu meinen, alles ausgleichen zu können. Und das würde auch eher zu einer übertrieben negativen Selbsteinschätzung führen, wobei wir zu stark in der Vergangenheit hängen bleiben würden.

Also suchen wir nun die wichtigsten Dinge heraus. Dann entscheiden wir uns, welche Form der Wiedergutmachung wohl am geeignetsten sein könnte: ein Brief, ein persönliches Gespräch, ein Telefonat, ein kleines Geschenk oder Blumen mit einer Karte, eine konkrete körperliche Hilfe oder ein finanzieller Dienst?

Es wird Ihnen sicher etwas einfallen. Wichtig ist, überhaupt etwas zu sagen und zu tun, die Eigenverantwortung anzuerkennen, sich zu entschuldigen (auch wenn bereits einige Zeit vergangen ist) und sich um eine angemessene Form der Entschädigung oder des Ausgleichs wenigstens zu bemühen.

Nicht so wichtig ist, ob das nun die bestmögliche Form ist oder ob der Zeitpunkt hundertprozentig optimal ist. Es ist interessanterweise auch nicht so wichtig, ob der andere Mensch die Entschuldigung und das Bemühen um Bereinigung so annimmt, wie Sie es verstehen, oder auf seine Weise oder sogar überhaupt nicht.

Der Vollzug wird eine Klärung der geistigen Atmosphäre mit sich bringen, quasi automatisch: Sie werden eine Schwingung des Friedens und der Harmonie fühlen.

Was ist, wenn der Mensch verstorben ist oder unbekannt verzogen oder wir sonst aus irgendeinem Grund wirklich keine Möglichkeit mehr haben, einen direkten persönlichen Kontakt aufzunehmen? Dann bitten wir im Gebet Gott um Hilfe bei der Klärung. Oder wir führen uns in einer meditativen Stimmung den betreffenden Menschen vor Augen und bitten ihn um Verzeihung und geben ihm in unserer Vorstellung das Geschenk bzw. vollziehen in unserer Visualisierung den notwendigen Ausgleich.

Der Sinn dieses neunten Schritts besteht darin, daß wir jetzt und heute konkrete Handlungen unternehmen, um ein früheres, ebenso konkretes Fehlverhalten energetisch auszugleichen. Soweit die betreffenden Menschen noch erreichbar sind, ist der persönliche Austausch am günstigsten und wirksamsten.

Es hat sich bewährt, sich dabei auf das Notwendige zu beschränken. Rufen Sie relativ »nüchtern« das frühere (Fehl-)Verhalten in Erinnerung, sagen oder schreiben Sie, daß Sie jetzt erkennen, daß Sie einen Fehler gemacht haben, und bitten Sie um Verzeihung. Fragen Sie, was der jeweilige Mensch als einen geeigneten Ausgleich ansehen würde, oder bitten Sie ihn, Ihre Gabe anzunehmen.

10. Ich ziehe laufend immer wieder Bilanz und gebe Fehler unmittelbar zu.

Machen Sie es sich zur Angewohnheit, am letzten Tag eines jeden Monats Bilanz zu ziehen. Entweder gedanklich, besser aber noch schriftlich, so wie es oben bei Schritt vier beschrieben wurde.

Fehler und Ängste werden sicher schon bald geringer, und Sie haben noch mehr Lebensfreude, wenn Sie Ihre Fortschritte in der Verwirklichung feststellen.

Fehler sollten wir sofort zugeben und nicht etwa einen ganzen Monat damit warten. Einige praktische Beispiele:

- Wenn wir merken, daß wir im Autoverkehr einen Fehler gemacht haben, sollten wir uns sofort mit einer kleinen Geste entschuldigen.
- Wenn wir merken, daß unser Partner verletzt ist durch etwas, was wir gesagt oder getan haben, sollten wir sofort darauf eingehen. Wir sollten sagen, daß es uns leid tut, daß sich der andere verletzt fühlt (und das im Herzen auch meinen!). Das bedeutet nicht, daß wir nicht unseren Standpunkt behalten dürfen, sondern daß wir ihn nicht mit aggressiven Mitteln vertreten.
- Wenn in der Arbeit etwas schiefgeht und wir dafür auch verantwortlich sind (weil wir etwas übersehen oder vergessen haben zu erledigen oder einen Fehler in der Ausführung gemacht haben), sollten wir das ohne Umschweife sofort mitteilen. Gleichzeitig sollten wir uns vornehmen (und eventuell auch aussprechen, je nach Situation), daß wir in Zukunft darauf achten werden, diesen Fehler nicht zu wiederholen.

Mit dieser Gewohnheit vermeiden wir, daß sich Ärger anstaut, daß unnötige Mißverständnisse entstehen, daß wir anderen fälschlich etwas zuschieben, wofür wir selbst verantwortlich sind. Es kann durchaus sein, daß ein anderer Mensch auch einen Fehler gemacht hat; es ist in der Regel aber hilfreicher, wenn wir nur unseren eigenen Anteil klären.

Übung (wie bei Schritt 4)

- Führen Sie eine Woche lang das spirituelle Tagebuch, das Sie auf Seite 117 abgedruckt finden.

11. Ich bemühe mich im Gebet und in der Meditation um den bewußten Kontakt zu Gott, so wie ich Gott auffasse, um seinen Willen für mein Leben zu erkennen und um die Kraft zu bitten, ihn auszuführen.

Die amerikanische Zeitschrift *Newsweek* hatte am 31. März 1997 als Titelgeschichte *The Mystery of Prayer*, »Das Geheimnis des Gebets«. Dazu veranstaltete diese Wochenzeitschrift auch eine repräsentative Umfrage, um zu erfahren, worum die Menschen in den USA denn bitten. Hier einige interessante Ergebnisse, die ähnlich wohl auch für uns in Europa gelten dürften:

- 54% der Bevölkerung teilen mit, daß sie täglich beten.
- 29% sagen, daß sie mehr als einmal täglich beten.
- 87% meinen, daß Gott ihre Gebete zumindest manchmal erhört.
- 82% beten um Gesundheit oder Erfolg für ein Kind oder ein Familienmitglied.
- 75% beten um Kraft, eine persönliche Schwäche zu überwinden.
- 37% der Befragten sagen, daß sie nie um finanziellen oder beruflichen Erfolg bitten.
- 82% glauben nicht, daß Gott bestimmte Menschen in der Erhörung von Gebeten bevorzugt oder benachteiligt.
- 79% der Menschen beten darum, daß jemand, der an einer »unheilbaren« Krankheit leidet, gesund werden möge.
- 73% glauben, daß Gebete um Hilfe dabei, eine Arbeit zu finden, erhört werden.
- 54% sagen, daß es nicht Gottes Wille war, sie zu erhören, wenn ihre Gebete nicht erfüllt werden.
- 82% wenden sich nicht von Gott ab, wenn ihre Gebete nicht erhört werden.

Gebet ist gute Medizin heißt der Titel eines Bestsellers des Arztes Dr. Larry Dossey. Darin berichtet er von wissenschaftlichen Untersuchungen über die Wirkungen des Gebets. Ein Beispiel befaßt sich damit, daß in einem Doppelblindversuch auf zweifache Weise für die Entwicklung eines Hefepilzes gebetet wurde. Ein Gebet lautete direkt, daß die höhere Kraft helfen möge, daß der Pilz gut wächst. Das andere Gebet war, daß die höhere Kraft das tun möge, was im höheren Interesse des Hefepilzes läge. Das ungerichtete Gebet erwies sich als wirksamer!

Es ist nur natürlich, wenn wir um Gesundheit für uns oder unsere Lieben beten. Es ist verständlich, daß wir um Hilfe bei Arbeitslosigkeit bitten. Am günstigsten scheint es jedoch zu sein, wenn wir um Einsicht in den Lebenssinn und um Führung bitten oder zu Gott beten, daß wir ihm nahekommen.

Es scheint weniger darauf anzukommen, wie häufig wir beten, sondern mehr darauf, wie innig. Es scheint wichtiger zu sein, den Inhalt des Gebets zum wesentlichen Inhalt unserer Lebensführung zu machen, als das Gebet nur gedanklich oder ausgesprochen zu wiederholen.

Übung für 3 Tage

- Nehmen wir uns jeden Morgen und jeden Abend fünf Minuten Zeit.
- Setzen wir uns still hin, schließen wir die Augen.
- Bitten wir nach innen mehrfach: »Gott, bitte laß mich erkennen, worum ich bitten soll, damit es dem höchsten Sinn des Lebens entspricht und dem besten Interesse aller Beteiligten!«
- Bleiben wir dann still sitzen und spüren wir, welche Antworten oder Impulse in uns zu schwingen beginnen.

Übrigens, kennen Sie den folgenden Witz? »Wie bringe ich Gott zum Lachen?« »Indem ich ihm meine Pläne vortrage!«

12. Wenn ich als Ergebnis der elf von mir ausgeführten Schritte zu einem spirituellen Erwachen gelange, werde ich versuchen, auch andere leidende Menschen über den Zugang zur Seelenkraft und Gotteskraft auf diesem Weg zu informieren und ihnen auf ihrem Weg zu helfen.

Keine Angst, Sie sollen kein Missionar werden! Es wird nicht erwartet, daß wir alle als Wanderprediger durch die Lande ziehen. »Reformer werden gebraucht, aber von sich selbst, nicht von anderen«, lautet ein geflügeltes Wort des Weisen und Heiligen Sant Kirpal Singh.

Ein Bild sagt bekanntlich mehr als tausend Worte, und ein gutes Vorbild ist tausendmal wirksamer als die noch so schönen Reden. In *diesem* Sinne ist der geistige Weg zur Selbsterkenntnis und Gotterfahrung kein »asozialer« oder eigensüchtiger Weg, sondern ein Weg, sich dem Leben und den Menschen wirklich zuzuwenden – indem man sich für die höhere Kraft öffnet, die in der ganzen Schöpfung und in allen Geschöpfen lebt.

Erst das alltägliche Leben aus der inneren, überpersönlichen göttlichen Quelle bringt das Paradies auf Erden und führt den einzelnen in die Heimat der Seele zurück. »Ein Gramm Praxis ist besser als eine Tonne Theorie« ist ein weiterer Merkspruch des oben erwähnten Sant Kirpal Singh. Nur wenn wir selbst das innere Licht erleben, können wir als Botschafter des Lichts wirken.

Wenn ein Mensch Hilfe braucht, sollten wir prüfen, ob wir sie ihm geben können. Die beste Hilfe ist Hilfe zur Selbsthilfe! Insoweit hat auch die direkte Information über den geistigen Hintergrund des Lebens einen wichtigen Platz. Wenn Menschen dafür offen sind, können und sollen wir ihnen etwas über den Sinn des Lebens und die Existenz einer höheren Kraft sowie über spirituelle Wege zur Bewußtwerdung der Seele mitteilen. Wir teilen etwas mit, das heißt, daß wir etwas mit einem anderen Menschen teilen, ihn daran teilhaben lassen. So wird die Information zum Angebot und ist nicht in Gefahr, als Mission zu wirken.

Ohne die rechte Information über die geistigen Grundlagen und Hintergründe von Leben und Leiden kann es kaum zu einer durchgreifenden und dauerhaften Lösung von Problemen kommen. Ohne Verständnis für spirituelle Zusammenhänge und eigene Erfahrungen mit Gebet und Meditation ist der Weg zur Heilung von Leiden und zu einem erfüllten Leben doch sehr, sehr weit.

Manchmal hilft ein Gespräch, manchmal eine Einladung zur Meditation, manchmal ein Buch. Drei Bücher möchte ich an dieser Stelle empfehlen: *Kraft der Seele* von Rajinder Singh, *In Dir ist das Licht* von K. O. Schmidt und *Weisheit der Kulturen* von Johann Benedikt (siehe Literaturhinweise im Anhang).

Die Seelenpyramide: Eine Zwischenbilanz

Vermutlich haben Sie dieses Buch bisher nicht »an einem Stück« gelesen, sondern es immer mal wieder zur Hand genommen. Inzwischen haben Sie den großen Test gemacht, wahrscheinlich schon etliche Übungen praktisch ausprobiert und viele neue Erfahrungen gemacht. Jetzt wäre es Zeit, eine Art Zwischenbilanz zu ziehen und Ihr Leben erneut aus einem anderen Blickwinkel zu betrachten. Auch hier geht es in erster Linie um Bewußtwerdung – Bewertungen wie gut oder schlecht, richtig oder falsch spielen keine Rolle!

In diesem Abschnitt werde ich Ihnen also eine weitere Möglichkeit vorstellen, wie Sie Ihren Ist-Zustand einigermaßen gut (und zutreffend) einschätzen können. Es geht um Ihre Umgebung, Ihr Wohlbefinden, Ihre Beziehungen, Ihre Arbeit, das liebe Geld und den Geist.

Wenn Sie einige der Antworten auf die folgenden Fragen nicht wissen oder eine Aussage nur teilweise zutrifft (weil innerhalb einer Frage mehrere Aussagen genannt werden, für Sie aber eben nur eine einzige stimmt), gilt als richtige Antwort »nein«! (Sie können den Test auch vorab fotokopieren, um ihn an andere weiterzugeben oder nach einigen Wochen selbst zu wiederholen.)

Meine Umgebung

- Ich sehe sehr selten Fernsehen.
- Meine Haushaltsgeräte funktionieren alle bzw. sind bereits zur Reparatur gebracht.
- Ich fühle mich in meiner Wohnung/meinem Haus sehr wohl.
- Möbel, Bilder, Wände, Teppiche, Farben, Licht etc. sind so, wie ich bzw. wir es schön finden – in allen Zimmern.
- Mein/unser Auto funktioniert gut, wird regelmäßig gewartet bzw. ist gerade in Wartung.
- Ich mag die Gegend (Stadt, Dorf, Landschaft) gern, in der ich/wir wohne/n.
- Alle meine Papiere sind übersichtlich geordnet.
- Ich habe fast immer genug Zeit und fühle mich sehr selten gehetzt; ich bin fast immer pünktlich.
- Meine Kleidung ist in Schuß.
- Ich schlafe gut.

Zehn Ja-Antworten wären das Maximum.

Mein Zustand jetzt, im Monat .... des Jahres ......, ist:

Allgemeines Wohlbefinden

- Ich fühle mich allgemein recht wohl.
- Ich rauche nicht oder sehr selten.
- Ich mache mindestens einmal im Jahr eine Woche Urlaub.
- Ich putze mir regelmäßig und gründlich die Zähne.
- Ich trinke selten Alkohol, und wenn, dann wenig.
- Meine Haare und Nägel sehen gesund aus und fühlen sich gut an.
- Ich esse überwiegend oder ganz vegetarisch.
- Mein Gewicht ist so, wie ich es gern möchte und wie es für mich gesund ist.
- Ich mache jede Woche einen längeren Spaziergang.
- Ich bin mir wichtiger Problembereiche bewußt und bin bereits dabei, mich aktiv und angemessen darum zu kümmern.
- Ich mache mindestens zweimal im Monat ein freies Wochenende.
- Ich sehe und höre gut.
- Ich achte darauf, genügend Frischkost zu essen (Salat, Gemüse, Obst).
- Ich habe keinen Streß oder nur sehr selten.
- Ich trinke jeden Tag reichlich klares Wasser.
- Mein Blutdruck und Cholesterinspiegel sind in Ordnung.
- Ich bekomme genug Sonne.
- Meine Zähne sind in Ordnung.
- Ich nehme keine Psychodrogen und auch keine Medikamente, die mir nicht verschrieben wurden.
- Ich bin jeden Tag an der frischen Luft.

20 Ja-Antworten wären das Maximum.

Mein Zustand jetzt, im Monat .... des Jahres ......, ist:

Beziehungen

- Ich kann mit meinem Partner über fast alles sprechen, auch über Gefühle und Sorgen – und ich tue das auch mindestens ein- bis zweimal pro Woche.
- Ich bin in einer stabilen persönlichen Beziehung.
- Ich weiß, welche Themen in meiner Partnerschaft problematisch sind, und bespreche das auch offen.
- Mit anderen Menschen komme ich leicht ins Gespräch.
- Ich habe und pflege zwischenmenschlichen Austausch auch außerhalb meiner Ehe bzw. festen Partnerschaft.
- Ich weiß, was ich an anderen Menschen mag und was sie an mir mögen.
- Ich rede fast nie über andere Menschen, die nicht anwesend sind.
- Ich weiß, was ich an anderen Menschen nicht mag und was sie an mir nicht mögen – und ich arbeite daran.
- Ich freue mich, anderen Menschen zu begegnen, sie kennenzulernen und mich mit ihnen auszutauschen.
- Ich gebe Liebe – auch dann, wenn ich selbst den ersten Schritt dazu tun muß.
- Ich achte darauf, daß ich mir genügend privaten Freiraum schaffe, um Zeit für mich und für meine Entwicklung zu haben.
- Ich bilde mir meine eigene Meinung über andere und lasse mich von Gerede über sie nicht beeinflussen.
- Ich weiß und spüre, daß jeder Mensch, dem ich begegne, Stärken und Gaben hat, die eine Bereicherung sind.
- Ich liebe die Liebe (damit ist nicht Sex gemeint!).
- Ich habe Verständnis für die Sorgen anderer Menschen.

15 Ja-Antworten wären das Maximum.

Mein Zustand jetzt, im Monat .... des Jahres ......, ist:

Arbeit

- Ich brauche keinen Druck oder Adrenalinstoß, um meine Arbeit zu erledigen.
- Ich bin mir am Beginn jedes Arbeitstages bewußt, welche Aufgaben oder Arbeiten laut Plan auf mich warten.
- Mir macht meine Arbeit Freude.
- Ich plane meine Arbeit praktisch immer.
- Ich mache mir über den Erfolg meiner Arbeit keine großen Sorgen.
- Ich kann mir mit meiner Arbeit den Lebensunterhalt verdienen.
- Ich kann mich in meiner Arbeit entfalten – in meiner Kreativität oder im Austausch mit anderen Menschen.
- Ich mache weitgehend die Arbeit, die ich mir selbst ausgesucht habe.
- Ich finde mit meiner Arbeit Anerkennung im Betrieb bzw. in meinem beruflichen Umfeld.
- Mit meinen Kollegen, Chefs und/oder Untergebenen komme ich gut aus; die meisten mag ich auch persönlich gern.
- Mein Partner, meine Familie erkennt meine Arbeit an.
- Ich kann mir vorstellen, eine ganz andere Arbeit zu machen bzw. an einem anderen Ort bzw. in einer anderen Stelle zu arbeiten.
- An meinem Arbeitsplatz ist Ordnung.
- Meine Arbeit hat einen Sinn und erfüllt mich über das Geldverdienen hinaus.
- Ich übe neben meiner Arbeit ein schönes Hobby aus.

15 Ja-Antworten wären das Maximum.

Mein Zustand jetzt, im Monat .... des Jahres ......, ist:

Geld

- Ich habe bzw. verdiene genug Geld, um meinen Ansprüchen gerecht zu werden.
- Ich bezahle alle Rechnungen praktisch sofort.
- Ich spare Geld für Notzeiten oder als Altersvorsorge bzw. bin gerade dabei, das zu tun.
- Ich freue mich darüber, Geld zur Verfügung zu haben.
- Ich helfe gern anderen Menschen finanziell im Rahmen meiner Möglichkeiten – in Form von Spenden o. ä. ...
- Ich habe keine Schulden.
- Geld ist für mich ein Mittel zum Zweck, kein Selbstzweck.
- Ich mache gern anderen Menschen mit Geschenken eine Freude.
- Über Geld phantasiere oder träume ich nicht, sondern ich plane und setzte mich konkret dafür ein, es zu verdienen.
- Ich habe Angst davor, eines Tages arm und bedürftig zu sein.

10 Ja-Antworten wären das Maximum.

Mein Zustand jetzt, im Monat .... des Jahres ......, ist:

Geist

- Jeden Tag freue ich mich auf etwas.
- Mein Leben ist erfüllt, auch über meine Arbeit hinaus.
- Ich habe keine Gewohnheiten, die ich (oder andere Menschen!) unmöglich finde.
- Ich liebe – einen Menschen, oder das Leben, oder Gott, oder mich selbst ...
- Ich meditiere jeden Tag.
- Ich fühle mich wohl und leide nicht unter seelischen Problemen.
- Ich empfinde Mitgefühl, wenn ich vom Leid anderer Menschen höre, und nehme Anteil.
- Ich bin dankbar für die Chance, das menschliche Leben erfahren zu dürfen.
- Ich besuche einmal im Jahr (oder öfter) Kurse, die mit Selbsterfahrung und Seelenentwicklung zu tun haben.
- Ich weiß, warum ich lebe.
- Ich lese jede Woche einmal oder häufiger in einem Buch, das sich mit dem Sinn des Lebens auseinandersetzt.
- Ich bete jeden Tag oder denke an Gott, die schöpferische Lebenskraft, die Seele, Allah, Buddha usf.
- Ich unterhalte mich jede Woche einmal oder häufiger mit einem anderen Menschen über den Lebenssinn bzw. über Spiritualität.
- Ich weiß und erlebe häufiger, daß ich mehr bin als der Körper, die Gefühle und die Gedanken.
- Ich versuche fast immer, anderen Menschen zu helfen.

15 Ja-Antworten wären das Maximum.

Mein Zustand jetzt, im Monat .... des Jahres ......, ist:

Die Seelenpyramide: Auswertung

Tragen Sie in diese Pyramide Ihre Werte ein. Vielleicht nehmen Sie dazu bunte Stifte, damit das Ganze noch etwas fröhlicher aussieht.

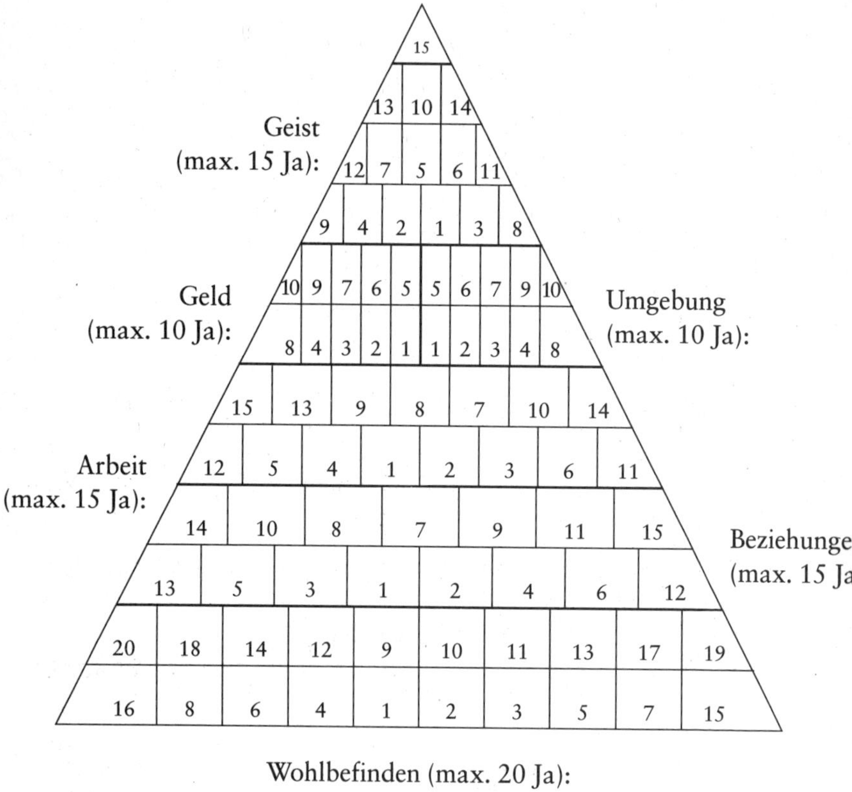

So viele Punkte Sie in jedem der sechs Bereiche erhalten, so viele Felder der Pyramide malen Sie aus – zuerst innen, dann weiter außen. Wie stabil ist Ihre Pyramide, wie hoch ...?

Eine andere Möglichkeit, auf einen Blick zu sehen, wie ganzheitlich Sie Ihr Leben führen, ist, die Werte in den hier abgebildeten Sechsstern einzutragen. Je symmetrischer der Stern dann aussieht, desto in sich ausgeglichener sollten Sie in diesen Lebensbereichen sein.

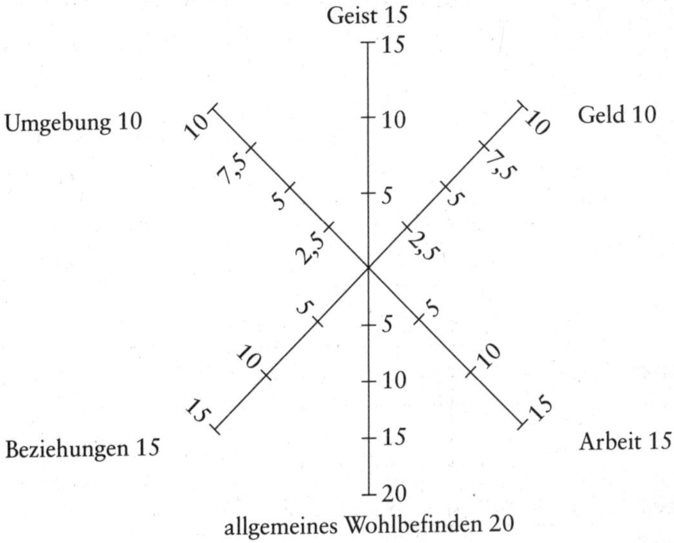

1). Markieren Sie an jedem der sechs Strahlen, wie viele Punkte Sie erzielt haben.
2.) Verbinden Sie die Punkte miteinander.
3.) Schauen Sie, ob und wo Sie über oder unter dem Durchschnitt sind.

Eine Verbesserung bestünde darin, das Potential Ihrer Persönlichkeit harmonisch in allen Bereichen mehr oder weniger gleichmäßig zu entfalten. Dazu finden Sie in diesem Buch ja eine ganze Reihe von Übungsvorschlägen, von denen einige sicher auch für Sie gut geeignet sind. Bei diesem Tun und Werden wünsche ich Ihnen von Herzen interessante Erfahrungen, ein erfülltes Leben und vor allem Gottes Segen!

Moses und Khidr

Der Seelenquotient in den Mythen der Welt

Diese Geschichte trug sich vor sehr langer Zeit zu. Wir können nicht beschwören, daß alles ganz genau so geschah, wie wir es hier berichten wollen. Aber immerhin sind wir dessen doch gewiß, daß Inhalt und Sinn getreulich überliefert wurden, wenn auch vielleicht nicht jede kleine Nebensächlichkeit im Wortlaut der Gespräche zwischen Moses und Khidr so stattfand, wie wir es schildern.

Wir verraten auch nicht zuviel, wenn wir schon am Anfang unserer Erzählung mitteilen, daß es in dieser Geschichte darum geht, ob ein Mensch, ein so bedeutender gar wie der Gesetzgeber Moses, bereit ist, wirklich auf Gott zu vertrauen und seine Allwissenheit, unser Schicksal so zu lenken, wie er es in seiner Weisheit als am besten für unser Leben erkennt.

Abraham gilt vielen als Stammvater, Moses als erster Gesetzgeber, nicht nur der mosaischen Religion, sondern in vielerlei Hinsicht auch als Gesetzgeber der Bruderreligionen Christentum und Islam. Zumindest schätzen alle drei Religionen Moses als Propheten, zu dem Gott sprach und über den Gott seine Gebote verkünden ließ.

Unsere Geschichte handelt von einer Zeit, als Moses noch nicht zur Vollkommenheit herangereift war, sondern als es ihm noch an der seltenen Eigenschaft der Demut mangelte.

Wem von uns mangelt es heutzutage nicht daran? Sind wir etwa besser, »weiter« als Moses? Wer von uns glaubt nicht, daß er dies oder jenes, sehr vieles eben, und vielleicht sogar alles Wichtige weiß? Wissenschaftler glauben, daß sie etwas vom Leben wissen, Techniker genauso, Priester auch, ebenso die Psychologen und auch die Marktfrauen und Lastkraftwagenfahrer ... Mütter und Väter meinen zu wissen, wo es im Leben entlanggeht. Ihre Kinder finden, daß sie selbst alles besser wissen als die Eltern und so fort ... Wer aber hat eine eigene Erfahrung von Gott, wer erlebt sich als Seele, wer hat Zugang zu den geistigen Welten – und würde durch dieses Erleben demütig wie eine Ameise angesichts eines Elefanten oder wie ein Schiffbrüchiger, der sich an eine Planke klammert inmitten des stürmisch tobenden Meeres? Nun denn, Demut haben wir wohl noch nicht, also braucht es uns nicht allzu sehr zu verwundern, daß auch der große Moses, bevor er ein ganz und gar Erwachter wurde, sich noch für bedeutender und größer hielt als alle anderen. Heißt es doch: »Jeder Heilige hat eine Vergangenheit«, und das galt eben auch für Moses, dessen Andenken wir in hohen Ehren halten. Der geschätzte Leser wird sicher den zweiten Teil des Wortes über den Heiligen kennen, wir wollen ihn jedoch trotzdem wiederholen: »Jeder Sünder hat eine Zukunft.« (Also dürfen wir durchaus weiter Hoffnung hegen!)

Wer aber ist *Khidr?* Die Mythen und Mysterien aller Epochen, Kulturen und Religionen sprechen davon, daß Gott in seiner Güte zu jeder Zeit mindestens einen vollendeten Meister der Wahrheit auf die Erde sendet, um suchende Seelen zu erlösen. Khidr ist der Name eines solchen Erleuchteten, dessen Aufgabe darin bestand, Menschen den Weg nach innen, in den wahren Gottestempel zu weisen.

Moses – um den Faden wieder aufzunehmen – meinte also zu einer gewissen Zeit, daß es keinen anderen Menschen gäbe, der so heilig, so gottnah sei wie er selbst.

Der Herr suchte ihn durch Zeichen und Eingebungen davon zu unterrichten, daß noch viele, wenn auch vielleicht weniger bekannte Heilige lebten, die nicht nur ebenso heilig wie er, sondern sogar noch heiliger waren. Moses konnte – und mochte – das indes weder glauben noch annehmen.

Daraufhin erschien ihm der Herr als Donner und feuriges Licht und sprach mit seiner Himmelsstimme »Moses, überquere den nahen Fluß. Auf der anderen Seite siehst du einen Einsiedler. Geh zu ihm und tue, was er dir sagt.«

Moses dankte dem Herrn für seine Güte – die Güte, sich ihm zu offenbaren, und die Güte, ihn, den Moses, für wert zu befinden, ihm einen Auftrag zu erteilen. Er überquerte den Fluß und stieß bald auf den Einsiedler, von dem der Herr gesprochen hatte.

Moses fragte ihn, wer er sei. Der Einsiedler antwortete: »Ich werde Khidr genannt, ich bin ein Einsiedler, der sich darum bemüht, Gott zu dienen.«

»Der Herr hat mir aufgetragen, zu dir zu kommen und deinen Anordnungen zu folgen, was immer sie auch sein mögen«, teilte ihm Moses daraufhin mit.

»Das mag schon recht und gut sein«, antwortete Khidr, »aber um aufrichtig zu sein, muß ich dir sagen, daß ich mir gar nicht sicher bin, ob du würdig genug bist, um die Belehrungen zu erhalten, von denen der Herr wünscht, daß ich sie dir gebe.«

Moses meinte, daß dieser Khidr nicht nur die Unwahrheit über ihn, den heiligen Moses, der mit dem Herrn Umgang hatte, sprach, sondern er fühlte sich auch in seiner Ehre gekränkt und in seiner Würde beleidigt. Dennoch zügelte er den in ihm aufsteigenden Unmut, gab dem Impuls, unwirsch oder ärgerlich zu reagieren, nicht nach, sondern sagte schlicht: »Der Herr hat mir aufgetragen, dir, Khidr, in allem zu folgen. Was du auch anordnen magst, werde ich tun. Was immer du sagst, ich werde keinen Einwand erheben.«

»Nun gut«, sagte Khidr, »also wende bitte nichts gegen das ein, was ich tun werde, gleich, was es auch sei.«

Khidr begann, den Fluß hinauf zu wandern, und Moses folgte ihm. Nach einiger Zeit kamen sie an eine Uferstelle, an der einige kleine Boote vertäut lagen.

Khidr deutete auf ein Boot und fragte einen der herumstehenden Bootsleute, wem das Boot gehöre. Der Mann gab zurück: »Das Boot gehört einem sehr reichen Gutsbesitzer.« Khidr fragte daraufhin nach dem Besitzer eines zweiten Bootes und erhielt zur Antwort: »Dieses Boot gehört einem sehr angesehenen Kaufmann, der in der Stadt dort drüben seinen Palast hat.«

Khidr zeigte auf ein anderes Boot und fragte wieder, wem es gehöre. »Dieses Boot kannst du benutzen, um über den Fluß zu setzen. Es gehört armen Waisen, die hier nichts gelten.«

Als Khidr das hörte, drehte er das Boot um und trat auf den Kiel ein, bis einige Holzplanken zerbrochen waren.

Dieses unerhörte Verhalten konnte Moses nicht mit ansehen, und es brach aus ihm heraus: »Du mußt verrückt und herzlos sein! Du hättest das Boot eines Reichen zerbrechen sollen, wenn dir schon danach ist. Er hätte wenigstens genug Geld, um es reparieren zu lassen. Aber das Boot zu zertrümmern, das armen Waisen gehört, o Khidr, ist eine grausame Tat. Das hättest du nie tun dürfen.«

»Erinnerst du dich an dein Versprechen, Moses?« fragte Khidr. »Ich meine, du hättest mir gesagt, daß du keine Einwände erheben würdest, gleich, was ich täte.«

Moses erinnerte sich an den Auftrag des Herrn und sagte zerknirscht und voller Demut: »Bitte vergib mir, Khidr. Du hast recht, ich hätte nichts sagen sollen.«

Die beiden Weisen setzten ihren Weg entlang des Flusses fort. Nach einer Meile kamen sie zu einem Dorf, in dem ein verlassenes Haus stand, das wie eine halbe Ruine aussah. Eine Wand war so brüchig, daß sie fast nur noch wie ein Schutthaufen wirkte.

Khidr sprach zu Moses: »Wir müssen diese Mauer ausbessern, Moses. Ich werde Wasser holen, dann werden wir es mit Erde vermischen und die herumliegenden Backsteine wieder zu einer Mauer aufrichten.«

Es wurde Abend, bis sie ihre Arbeit ausgeführt hatten. Beide Männer waren müde und hungrig. Da das Haus, dessen Mauer sie repariert hatten, verlassen war, kam auch niemand, der ihnen zu essen und zu trinken angeboten hätte. Also mußten sie sich mit leerem Magen zur Nachtruhe begeben. Moses, ein so bedeutender Prophet er auch war, konnte sich nicht enthalten zu bemerken: »Khidr, es war doch ziemlich dumm, die Wand eines verlassenen Hauses wieder aufzurichten. Wenn es aus irgendeinem Grunde nötig erschienen wäre, eine Wand hochzumauern, hätten wir ein Haus aussuchen sollen, in dem Menschen leben. Sie hätten uns zu trinken und zu essen angeboten. Aber sieh uns jetzt nur an. Wir sind müde und hungrig, und keiner wird uns irgend etwas geben.«

Erneut erinnerte Khidr Moses an sein Versprechen, keine Einwendungen zu erheben. Und wiederum sah Moses sein Fehlverhalten und bat um Vergebung dafür, daß er den Auftrag des Herrn nicht eingehalten hatte.

Früh am nächsten Morgen setzten die beiden Weisen ihren Fußmarsch fort. Sie kamen in ein zweites Dorf, wo eine Gruppe junger Burschen fröhlich auf einem Platz spielte. Khidr fragte einen herumstehenden Mann: »Wer ist der Vater dieses Jungen?«, während er auf einen der Buben deutete. »Herr, er ist einer der reichsten Männer im Dorf«, kam die Antwort. Khidr zeigte auf einen anderen Jungen und wiederholte seine Frage. »Sein Vater ist der Dorfschulze«, lautete die Antwort. Khidr blickte sich daraufhin prüfend um, zeigte schließlich auf einen dritten und stellte erneut seine Frage. »Herr, dieser Junge ist das einzige Kind unseres Ortsheiligen.«

In jenen Tagen, in denen sich diese Geschichte ereignete, pflegten fast alle Männer noch Dolche mit sich zu tragen, Krummdolche, wie wir sie aus den orientalischen Märchen oder aus dem Museum in Oman kennen, oder auch einfache, gerade Alltagsdolche, die ihren Zweck genauso erfüllten, ohne gleich ein Stück meisterlichen Kunsthandwerks darzustellen. Auch Khidr trug einen solchen Dolch, obwohl wir nicht wissen, ob es ein schlichter, gerader oder ein künstlerisch verzierter, schwungvoll gebogener war.

Wie dem auch sei, Khidr zog, ohne ein Wort zu sagen, seinen Dolch aus dem Gürtel, die Klinge blitzte im Sonnenlicht auf, und er brachte mit einem Streich der scharfen Klinge dem jungen Burschen einen tiefen Schnitt bei.

Moses war genauso überrascht und erschrocken wie alle anderen. Er geriet außer sich: »Alles, was du anfängst, ist falsch. Du hättest den Sohn von jemandem verletzen können, der drei oder vier Kinder hat. Du aber hast das einzige Kind eines frommen Ortsheiligen verletzt.« Moses konnte sich längere Zeit gar nicht mehr beruhigen und fing an, Khidr zu beschimpfen.

Als er schließlich aufhörte, sagte Khidr zu ihm: »Moses, es ist besser, daß du deiner eigenen Wege gehst. Es ist offensichtlich, daß du noch nicht bereit bist, in meiner Gegenwart zu sein und meine Belehrungen zu empfangen.«

Das kam Moses nur gelegen, denn er sah keinerlei Sinn in den Handlungen des Khidr und hatte keine einzige Lektion daraus gelernt. Also nahm er Abschied von ihm und kehrte auf die andere Seite des Flusses an seinen Ort zurück.

Dort hörte er bald darauf die Stimme des Herrn, die ihn eindringlich fragte, was er denn von Khidr in der Zwischenzeit gelernt habe. Moses stammelte verlegen etwas davon, daß Khidr ihm nicht recht viel hätte beibringen können, eigentlich sogar gar nichts, und daß Khidr das schließlich wohl selbst eingesehen und ihn, den Moses, deshalb wieder fortgeschickt hätte.

»Moses, du hast eine gute Gelegenheit vertan. Ich will dich sehen lassen, welche Lehren du hättest ziehen können und warum du besser daran getan hättest, meinem Auftrag, Khidr zu folgen, zu gehorchen, ohne irgendwelche Einwände zu erheben.« Daraufhin eröffnete der Herr dem Moses eine Schau in die Zukunft.

Moses sah, wie ein fremder König mit einem großen Heer durch die Gegend auf der anderen Seite des Flusses zog. Sie nahmen alle Boote als Kriegsbeute mit sich, um sie später an einem anderen Fluß zum Übersetzen ihrer Soldaten zu benutzen. Nur das Boot der Waisen ließen sie liegen, weil sie es für unbrauchbar hielten. Als sie fortgezogen waren, konnten die Waisen das Boot jedoch leicht wiederherrichten und ein gutes Einkommen mit Fährfahrten über den Fluß erzielen.

Dann sah Moses, daß das Haus, dessen Mauer sie wieder hochgezogen hatten, anderen Waisen gehörte. Als sie erwachsen waren, zogen sie dort ein und fanden in der frisch gemauerten Wand einen großen Schatz. Dieser wäre, wenn die Mauer nicht ausgebessert worden wäre, durch die Unbilden des Wetters vorzeitig sichtbar geworden. Andere Menschen, denen er nicht zustand, hätten sich den Schatz dann angeeignet.

Der junge Bursche hatte ein Leben voller Verlockungen und unrechter Handlungen vor sich. Durch die nur im ersten Augenblick schlimm aussehende Verletzung wurde sein Leben in eine bessere Richtung gelenkt, und dem Vater blieb der Kummer erspart, als frommer Mann einen unfrommen Sohn zu haben.

Das alles sah Moses, und er sah noch mehr, wovon wir hier aber nicht sprechen wollen. Vor allem aber erkannte Moses, daß Khidr alle seine Handlungen nicht aufgrund seines eigenen Urteils oder gar seines Eigenwillens ausgeführt hatte, sondern nur im Auftrag des Höchsten Herrn.

Unter allen Menschen ist jener der am weitesten entwickelte, der in der Gegenwart eines Heiligen seine Ichverhaftung und seinen Eigenwillen auflöst, um ganz im Willen Gottes aufzugehen.

Schlußworte: Wie der SQ Fundament und Krone des Lebens werden kann

Es gibt nur einen Zeitpunkt,
in dem es unerläßlich ist zu erwachen,
und der ist jetzt.

Buddha

Drei Qualitäten bestimmen die Welt. Im alten Indien nannte man sie die drei *Gunas*. Was diese Qualitäten sind, läßt sich anschaulich an einem Beispiel erklären.

- Wenn jemand der Ansicht ist: »Was mir gehört, ist meins, und was einem anderen gehört, sollte lieber auch meins sein«, so ist das die niedrigste Qualität, die auch *Tamo-Gun* heißt.
- Wenn jemand meint: »Was mir gehört, ist meins, und was einem anderen gehört, ist seins«, so ist das die mittlere Qualität, die *Rajo-Gun* heißt.
- Wenn jemand so lebt: »Was jemand anderem gehört, ist seins, und was mir gehört, ist auch seins«, so ist das die höchste Qualität auf dieser Erde, die auch *Sato-Gun* genannt wird.

Und doch gibt es noch eine ganz andere Einstellung, die sogar noch »höher«, noch »spiritueller« ist als Sato-Gun. Es ist eine Haltung zum Leben, die Meister Eckhart mit dem Wort »Lebe in der Welt, aber sei nicht von der Welt« gekennzeichnet hat. In unserem Beispiel würde das bedeuten, daß wir so leben: »Was bei mir ist, gehört der Schöpferkraft, was bei anderen ist, gehört der Schöpferkraft« – letztlich ist alles nicht unser, sondern kommt aus einer höheren Kraft und »gehört« auch ihr.

Betrachten wir diesen Gedanken noch einmal anhand eines anderen Beispiels, das sich auf Bewußtseinszustände bezieht.

- Menschen schlafen, ohne zu träumen. In diesen Zeiten sind sie »bewußtlos«. Das wird im allgemeinen als der »niedrigste« Bewußtseinszustand angesehen und manchmal sogar mit einem todesähnlichen Zustand verglichen. Das wäre *Tamo-Gun*.
- Menschen schlafen und träumen dabei. Das heißt, daß sie im Traumbewußtsein sind und entsprechend fühlen, denken und handeln. Obwohl ihr Bewußtsein »höher« ist als das des traumlosen und bewußtlosen Schlafes, halten wir im allgemeinen diesen Zustand keineswegs für den höchsten, der uns Menschen möglich ist. Das wäre *Rajo-Gun*.
- Menschen sind wach und agieren in der Welt. Dieses Tagesbewußtsein halten wir oft (fast immer, immer?) für den höchstmöglichen Bewußtseinszustand. Das wäre *Sato-Gun*.

Schlafen, träumen, wachen … aber es ist noch ein vierter Zustand möglich, der wesentlich »höher« ist: das Erwachen für die Bewußtheit der Seele, die Wahrnehmung des inneren Lichtes, das Erleben der geistigen Welten, die mystische Begegnung mit der Schöpferkraft, die Entdeckung, daß wir Teil der ewigen Schöpferkraft und gleichzeitig eins sind (wie der Tropfen im Meer).

Weise, Heilige, Seher, Propheten, Mystiker, Erleuchtete, Gottesboten – wie immer man diese wirklich erwachten Seelen auch nennen möchte – machen uns darauf aufmerksam, daß dieser Zustand des Erwacht-Seins für das aus sich heraus leuchtende, schattenlose Licht des göttlichen Bewußtseins das wahre Wach-Sein ist. Sie sagen, daß wir in diesem Zustand im Vergleich zum Tagesbewußtsein weitaus wacher sind, als es das Tagesbewußtsein im Vergleich zum traumlosen Schlaf schon ist.

Manche Weisen geben ein anschauliches Bild des wahren Wesens des Menschen und unseres derzeitigen Lebens auf folgende Weise. Sie sagen:

- Auf der Erde, wie wir sie kennen, gibt es fast nur Materie und nur sehr wenig Bewußtsein. Das Bewußtsein ist der Seelenfunke (der jedoch meist noch nicht erwacht ist).
- Auf der ersten inneren Ebene (die man auch »Astralebene«, »inneren Kosmos« oder »Motionalebene« nennen kann) gibt es zwar immer noch ein Übergewicht an Materie, aber immerhin auch schon einen deutlichen Anteil von Bewußtsein. Das ist die Ebene, die ein Swedenborg etwa als »Geisteswelt« beschreibt.
- Auf der nächsthöheren inneren Ebene halten sich Bewußtsein und Materie bereits die Waage (man nennt sie auch »Kausalebene«, »Brahmand« oder »Mentalebene«).
- Die dritte innere Ebene hat ein deutliches Übergewicht an Bewußtsein, und hier gibt es nur noch sehr wenig Materie in feiner Form (ein Name dafür ist »Suprakausalebene«, ein anderer »Par-Brahmand« oder »Ideenebene«).
- Erst auf der vierten inneren Ebene erkennt sich die Seele oder das Selbst – so sagen es die Mystiker – als reinen Teil der göttlichen Schöpferkraft.

Die Psyche im Sinne der Psychologie ist teilweise auf der irdischen Ebene tätig, in Form von Gedanken und Gefühlen, Verhaftungen und »Ich-Wellen«. Das gilt sowohl für den Bereich des Tagesbewußtseins wie für den Zustand von Träumen und für eine Fülle uns nicht bewußter psychischer Kräfte und Bewegungen, sei es im Unbewußten, im Unterbewußten oder im »Unterbewußtsein«.

Selbst auf der Astral- und der Kausalebene hat die Psyche, gespeist von der Identifikation des Ichs mit äußeren Formen, mit Sinneswahrnehmungen und Reizen, mit inneren Bedürfnissen und Begierden, noch ihre Existenz und Wirkung. Erst danach löst sich die Psyche auf, erst dann gelangen wir über persönliche, soziale und kulturelle Prägungen, über personales und kollektives Unbewußtes hinaus, um die Welt des wirklich »reinen Geistes« zu entdecken.

Da die Psyche (oft auch als *mind* oder Gemüt bezeichnet) soweit nach innen und »oben« reicht, verwechseln wir gern höhere und feinere Erfahrungen der Psyche mit echten spirituellen Erfahrungen. Es bedarf eines sehr wachen Bewußtseins und einer sehr weitreichenden Erfahrung sowie einer sehr guten geistigen Führung, um den Unterschied festzustellen.

Wenn wir den Seelenquotienten entdecken und entwickeln, bedeutet das, für die höheren, rein geistigen Dimensionen des Lebens und Wirkens zu erwachen, für das Ganz-Werden, Ganzheitlich-Sein und Ewig-Sein. Dieses Potential ist in *jedem* Menschen als Geburtsrecht und Geschenk angelegt. Erwachen wir jetzt!

Die drei mir am wichtigsten erscheinenden Aussagen zu einer wirklich umfassenden Entfaltung des persönlichen Potentials sind:

1. Es gibt nicht nur einen IQ und eine emotionale Intelligenz, sondern auch einen SQ, einen Seelenfaktor. Ihn zu entdecken und zu entwickeln ist notwendig, wenn wir uns spirituell entwickeln möchten. Ohne die Entdeckung der rein geistigen Dimensionen und Qualitäten des Menschen verpassen wir den wesentlichen Teil des Menschseins: Bewußt-Sein. Das spirituelle Bewußt-Sein der Seele ist jener Teil, der uns im Hier und Jetzt die größte Hilfe geben kann und mit dem wir auch über dieses Erdenleben hinaus weiterleben.

2. Die spirituelle Entwicklung darf aber nicht isoliert und forciert betrieben werden, sondern soll und muß sinnvoll in die Entfaltung der gesamten Persönlichkeit integriert werden. Nur einer Sehnsucht der Seele zu folgen (oder gar sentimentalen Vorstellungen von Spiritualität), ohne die körperlichen, emotionalen und intellektuellen Bedürfnisse anzuerkennen und zu erfüllen, führt in neurotische und asoziale Verhaltensweisen und nicht zur »Erleuchtung« oder »Erlösung«. Ohne eine aktive eigene Beteiligung an der Schöpfung werden wir nicht zum Schöpfer gelangen.

3. Wie Sie am besten vorgehen, um Ihr Bewußt-Sein zu entfalten, ist individuell sehr unterschiedlich. Sie finden in diesem Buch dazu zahlreiche, hoffentlich auch für Sie brauchbare Vorschläge. Aber folgen Sie im Zweifelsfall bitte immer Ihrer eigenen inneren Stimme. Es gibt viele Mittel und Methoden und auch einige gute »Reiseführer« oder »Reisebegleiter«. Wir sollten ihre guten Dienste durchaus in Anspruch nehmen. Aber letztlich können (und müssen) nur wir allein unser eigenes Leben führen. Nehmen wir also die Eigenverantwortung an, auch auf die Gefahr hin, daß wir »Fehler« oder »Umwege« machen. Folgen wir nicht alten oder neuen Dogmen. Geben wir uns selbst nicht blindlings auf, weder anerkannten noch unbekannten (Ver-)Führern und Seelenfängern zuliebe. Folgen wir vielmehr der eigenen Stimme von »oben« oder »innen«, der Führung durch die höchste Wahrheit, so, wie wir selbst sie wahrnehmen.

Hören Sie nach innen! Folgen Sie Ihrem Herzen, folgen Sie dem Ruf Ihrer Seele. Tun Sie etwas. Seien Sie schöpferisch tätig. Helfen Sie anderen. Dienen Sie. Meditieren Sie. Lieben Sie. Leben Sie. Wachen Sie auf die unerschöpfliche große Quelle der Kraft in Ihnen selbst. Finden Sie zum Bewußt-Sein in diesem Leben!

Der Prophet und seine Schüler

Der Seelenquotient in den Mythen der Welt

Der Prophet, Gott segne seine Seele, unterhielt sich eines Tages mit einer Gruppe ernsthafter und eifriger Anhänger, unter denen auch einige Priester waren. Nacheinander fragte er jeden, was er besitze. Hazrat Umar sagte: »Ich habe eine Frau und Kinder, ein Haus, einige Felder und eine gewisse Habe an Vorräten, Gerätschaften und Geld.« Bhai Jahan antwortete: »Ich besitze eine kleine Herde von Schafen und Ziegen, auch ich habe eine Frau und vier Kinder, ich habe zwar fast kein Geld, aber doch ausreichend zu essen, weil ich mit der Wolle und der Milch Tauschhandel treibe.«

Der Prophet, möge er uns Gottes Wort lehren, hörte sich solche und ähnliche Antworten von allen in der Gruppe an. Schließlich fragte er Hazrat Ali, der die ganze Zeit über stumm geblieben war: »Was besitzt du, lieber Bruder?«

Hazrat ließ sich nur zögernd vernehmen: »Herr, mein einziger Besitz sind Gott, sein Name sei uns heilig, und sein Prophet, möge er uns mit seinem Licht den rechten Weg weisen. Außer diesen beiden besitze ich nichts.«

Der Prophet, möge er für uns Gott um Barmherzigkeit bitten, richtete sich dann an die dort Versammelten und sprach: »Hört, meine Brüder, Hazrat Ali kennt die Wahrheit. Weltlicher Besitz ist nur sehr, sehr wenig wert. Wir haben ihn nur sehr kurze Zeit zu unserer Verfügung. In die Welt der Seelen können wir ihn nicht mitnehmen. Wer sich daran klammert, klammert sich an Not und Leid. Das ist das Los jener, welche die Welt lieben und ohne jede Überlegung den Eingebungen oder Wünschen eines ungezügelten Gemüts folgen. Wahre Ergebene haben ihre Verhaftung an weltliche Leute und weltlichen Besitz völlig aufgelöst. Sie versenken sich beständig in die Gegenwart des Allmächtigen, gepriesen sei sein

Name, und haben sich über die Regionen von Geburten und Toden erhoben.«

Manche leiden wegen ihres Körpers, andere wegen ihres Gemüts, wieder andere werden von Geldsorgen erdrückt. Alle leiden, nur die wahren Diener Gottes nicht.

Solange der Mensch nach »Ich« und »Mein« verlangt, gelten seine Werke nichts. Wenn die Ich-Liebe oder das Ego gestorben ist, dann wird das Werk des Herrn getan.

Anhang

Literaturhinweise

Gesundheit

James Gruft: *Schmerz verstehen und heilen*, Münsingen/Bern: Fischer, 1997.
Helga und Dazze Kammerl: *Lust auf Leben: Richtig essen und gesund bleiben*, Münsingen/Bern: Fischer, 1996.
Ingrid S. Kraaz: *Die richtige Schwingung heilt*, München: Goldmann, 1992.
dies.: *Die Farben deiner Seele*, München: Goldmann, 1993.
dies.: *Die Sieben Heiler*, Münsingen/Bern: Fischer, 1992.
dies.: *Bachblüten und spirituelle Heilung*, München: Droemer Knaur, 1995.
Wulfing von Rohr: *So bleiben Sie gesund! Sieben Schritte zur natürlichen (kostenlosen) Gesundheitsvorsorge,* Münsingen/Bern: Fischer, 1996.
Beate Sprissler: *Tao der Bachblüten*, Neuhausen a. R.: Urania, 1997.
Steffen Wander: *Zähne ohne Probleme*, Münsingen/Bern: Fischer, 1997.

Lebenshilfe

Chris Griscom: *Die Heilung der Gefühle*, München: Goldmann, 1988.
Ursula von Rohr: *Hör mir mal zu,* Münsingen/Bern: Fischer, 1996.
Wulfing von Rohr: *Die Zukunftsdenker – Aktiv die Zukunft gestalten,* Düsseldorf/Regensburg: Metropolitan, 1997.

ders.: *Leben war doch nicht als Streß gedacht*, München: Integral, 1997.
ders.: *Kraft der Engel*, Neuhausen a. R.: Urania, 1996.
ders.: *Die Deutung des Horoskops*, Neuhausen a. R.: Urania, 1996.
ders.: *Mit den Sternen zum Erfolg*, Wien: Orac, 1997.

Meditation und Spiritualität

Tzvi Freeman: *Den Himmel auf die Erde bringen – Die Weisheiten des Rebbe*, München: O. W. Barth, 1993.
Wulfing von Rohr: *Es steht geschrieben ... Ist unser Leben Schicksal oder Zufall*, München: Goldmann, 1994.
ders.: *Meditation – Kraft aus der Mitte*, München: Goldmann, 1995.
ders.: *Licht in der Stille – geheimnisvoll und grenzenlos*, Neuhausen a. R.: Urania, 1998.
ders.: (Hrsg., mit D. von Weltzien) *Das große Lesebuch der Mystiker*, München: Goldmann, 1993.
ders.: *Das Buch der Meister*, München: Droemer Knaur, 1997.
K. O. Schmidt: *In dir ist das Licht*, Hammelburg: Drei Eichen, 1993.
Darshan Singh: *Spirituelles Erwachen*, München: Droemer Knaur, 1985.
Kirpal Singh: *Das Mysterium des Todes*, Bern: Origo, 1991.
Rajinder Singh: *Kraft der Seele*, Neuhausen a. R.: Urania, 1997.
ders.: *Heilende Meditation*, Neuhausen a. R.: Urania, 1996.

Adressen

Meditation

Informationen über Meditation mit dem inneren Licht und Klang, über regelmäßige (kostenlose) Meditationstreffen und die Einweisung in diese Meditationsweise unter kompetenter Anleitung erhalten Sie über

- Helga Kammerl, Jägerberg 21, D 82335 Berg, Tel. (08151) 953344, Fax 953345
- Angela Seiler, Tödistraße 20, CH 8002 Zürich, Tel. (01) 2022372, Fax 202-2302
- Herbert Wasenegger, Mautner Markhofgasse 13-15/V/3, A 1110 Wien, Tel. (01) 7491871
- Science of Spirituality, 4S. 175 Naperville Rd, Naperville, Ilyatjari 60563, USA, Tel. (630) 955-1200, Fax 955-1205
- Rajinder Singh, Kirpal Ashram, 2 Canal Rd., Vijay Nagar, Delhi 110009, India, Tel. 722-2244, 722-3333

Autorenadresse

Anfragen über persönliches, berufliches oder geschäftliches Coaching für Einzelpersonen oder kleine Teams über:

Wulfing von Rohr, Angererstr. 12, D-83346 Bergen; Tel. (0049) 86625842, Fax (0049) 8662419553
oder über Austria Kreativ Gruppe, Dr. Mag. Thomas Pühringer, Grillparzerstr. 11, A-6020 Innsbruck, Tel. und Fax (0043) 512570329

Vorträge und Seminare

Der Autor hält Vorträge und Seminare, oft in Zusammenhang mit Buchhandlungen und anderen Veranstaltern. Manche Angebote finden in dem vom Autor mitgegründeten und geleiteten »Zia Darshan Meditations-Zentrum« in Santa Fe statt. Gelegentlich finden auch Kurse in Schottland statt. Themen sind:

- Der Seelenquotient: Was ist Ihr SQ? Wie entwickeln Sie Ihr gesamtes persönliches Potential am besten?
- *Re-Discover Your Vision* – Entdecken Sie Ihre Vision
- Tarot – für alle Decks und nur konstruktiv
- Astrologie leicht gemacht
- Einführung in die Meditation
- Die sieben Säulen der natürlichen Gesundheitsvorsorge
- Workshop Schreiben – Briefe, Konzepte, Bücher
- Aktiv die Zukunft gestalten – Was Sie selber tun können
- Die kreative Kraft der Klarheit – So lösen Sie Probleme
- Licht in der Stille – Seminar über Leben und Sterben

Bei Interesse an Vorträgen und Seminaren (auch bei Anfragen von Firmen, Buchhandlungen und Seminarveranstaltern), wenden Sie sich bitte an:

Christen & Partner, Redaktionsagentur Jürgen Christen, Postfach 1163, D 30011 Hannover, Tel. (0511) 348-2384, Fax (0511) 388-5336.

Bitte unbedingt einen A5-Umschlag mitsenden, der an Sie selbst adressiert und mit 3 DM frankiert ist (oder entsprechend internationale Antwortscheine beilegen). Dann ist sichergestellt, daß Sie das aktuelle Vortrags- und Seminarprogramm erhalten. Danke sehr!

Meditations-Kassette

Es gibt eine Begleit-CD/Kassette zu diesem Buch mit dem Titel *Licht in der Stille*. Darauf sind sechs geführte Meditationen enthalten; Spieldauer etwa 60 Minuten.

Themen sind: 1. Wer bin ich? / 2. Wo bin ich? / 3. Von Problemen zu Visionen / 4. Wer stirbt, wer lebt? / 5. Gibt es eine höhere Kraft? / 6. Licht-Meditation am dritten Auge.

Die CD bzw. Kassette ist erhältlich über den Urania Verlag, Schweiz.

Anmerkungen zur Methodik

Der Fragebogen ist entstanden aus der Erfahrung mit anderen Fragebogen aus der Psychologie, insbesondere zum IQ, aus ähnlichen Ansätzen, die in manchen psychologisch-spirituell interessierten Kreisen diskutiert werden, und aus einer zwölfjährigen Vortrags- und Seminarleitertätigkeit, die einige hundert Kurse zu Selbsterfahrung, Meditation, Yoga, ganzheitlicher Entwicklung und natürliche Gesundheit umfaßt.

Verbale Fragen haben ein deutliches Übergewicht, was in der Natur eines solchen Tests liegt. Durch Fragen nach Formen und Farben ist der nonverbale Ausdruck des Seelenbewußtseins ansatzweise mit berücksichtigt worden. Ganz befriedigen kann diese erste Testform jedoch leider auch die Urheber noch nicht.

Im Mittelpunkt stehen Fragen nach dem eigenen Verhalten, nach eigenen Ansichten und der Einschätzung anderer Menschen. Diese Fragen kreisen nicht nur um rein spirituelle Themen, sondern vielfach geht es um Gefühle, Gedanken und Handlungen, die eher emotional und mental ausgerichtet sind. Die Motivation dahinter ist jedoch der eigentliche Inhalt der Frage, und diese Motivation, welche durch die entsprechenden Antworten erhoben wird, läßt im Rahmen der Definition dieses Buches durchaus eine Aussage über die Entwicklung des Seelenbewußtseins zu.

Ein deutliches Gewicht hat der tätige Ausdruck von Nächstenliebe erhalten. Seelenbewußtsein, das sich nicht im Alltag als solches manifestiert, mag latent vorhanden sein, wird aber eben nicht verwirklicht.

Die vegetarische Ernährungsweise ist mehrfach recht hoch bewertet worden. Warum? Weil das Seelengebot des Nicht-Verletzens, der aktiven Liebe, sich in der eigenen Ernährungsweise ganz praktisch niederschlägt. Wer im Herzen Tierliebe hegt, aber auf dem Teller Tierteile hat, ist im aktiven Seelenbewußtsein noch nicht so weit entwickelt, wie es uns inzwischen längst möglich ist.

Manchmal ergibt die Antwort »immer« weniger Punkte als die Antwort »meistens«. Warum? Weil hier eine »Wirklichkeitsbremse« eingebaut worden ist, da das »immer« eine allzu überschwengliche (und meist unrealistische) Selbsteinschätzung nahelegt. Wenn das für Sie nicht gilt, um so besser. Geben Sie sich dann ruhig den höheren Punktwert.

Interesse für Esoterik ist keineswegs der allzeit gültige »Ausweis« für ein entwickeltes Seelenbewußtsein. Esoterik kann, muß aber nicht hilfreich sein. Vor allem dann nicht, wenn das Interesse in erster Linie der Handhabung übersinnlicher Kräfte, medialen Erfahrungen oder magischen Zielen dient. Denn das hat mit Spiritualität nun einmal (fast) nichts zu tun (bzw. nur sehr selten). Ebenso sind Drogen *de facto* für die wenigsten Menschen eine »Eintrittskarte« für die bewußte Seelenentwicklung. Was nicht ausschließt, daß es auch Ausnahmen gibt. Wenn Sie im Hinblick auf Esoterik und Drogen wirklich zu den Ausnahmen zählen sollten, werten Sie Ihre Antworten selbstverantwortlich einfach anders.

Alle Testergebnisse dienen mehr einer allgemeinen Einschätzung als etwa einer exakten Bewertung. Daß diese gar nicht möglich ist – weder bei diesem noch bei allen anderen, verwandten Tests –, ist ja im Textteil deutlich erläutert worden.

Es ist offensichtlich, daß manche oder sogar viele Menschen einzelne oder zahlreiche Wertungen und Rangfolgen anders einschätzen werden. Erneut sei deshalb gesagt: Es geht mehr um einen großen Trend der Persönlichkeitsentfaltung, um den generellen Zustand des Seelenbewußtseins, als darum, ob eine Antwort eher drei Pluspunkte oder einen Minuspunkt verdient. Bei der Zuordnung von »Minuspunkten« zu bestimmten Antworten ging es mehr um Chancen zur Bewußtwerdung, zum Nachdenken, als um eine exakte numerische Wertung.

Auswertungsergebnisse

Im Moment wird daran gearbeitet, eine »Glockenkurve« zu erstellen, um Mittelwerte zu erhalten, die dann als Vergleich für einzelne Tests gelten können. Dazu braucht man eine genügend große Zahl von Teilnehmern an diesem Test. Wenn Sie sich beteiligen möchten – gern anonym –, füllen Sie bitte Kopien des Fragebogens aus und schicken Sie diese an die angegebene Adresse. Bitte denken Sie daran, einen DIN A5-Umschlag beizulegen, der adressiert und mit 3 DM frankiert ist. Wir können neben der kostenlosen Auswertung leider nicht auch die Portokosten tragen. Danke für Ihr Verständnis!

Adresse (oder postlagernd und Codewort)

Vorname, Name: ______________________________
Straße: ______________________________
PLZ, Ort: ______________________________
Fax-Nr.: (______) ______________________________

Bitte kreuzen Sie dazu auch an:

Ich bin jünger als 15, 15–20, 21–25, 26–35, 36–50, 51–65, 66–80, ich bin älter als 80. Ich bin weiblich/männlich.

Danke sehr.